QuickJapan presents

鈴木みのり 全力放題

CONTENTS

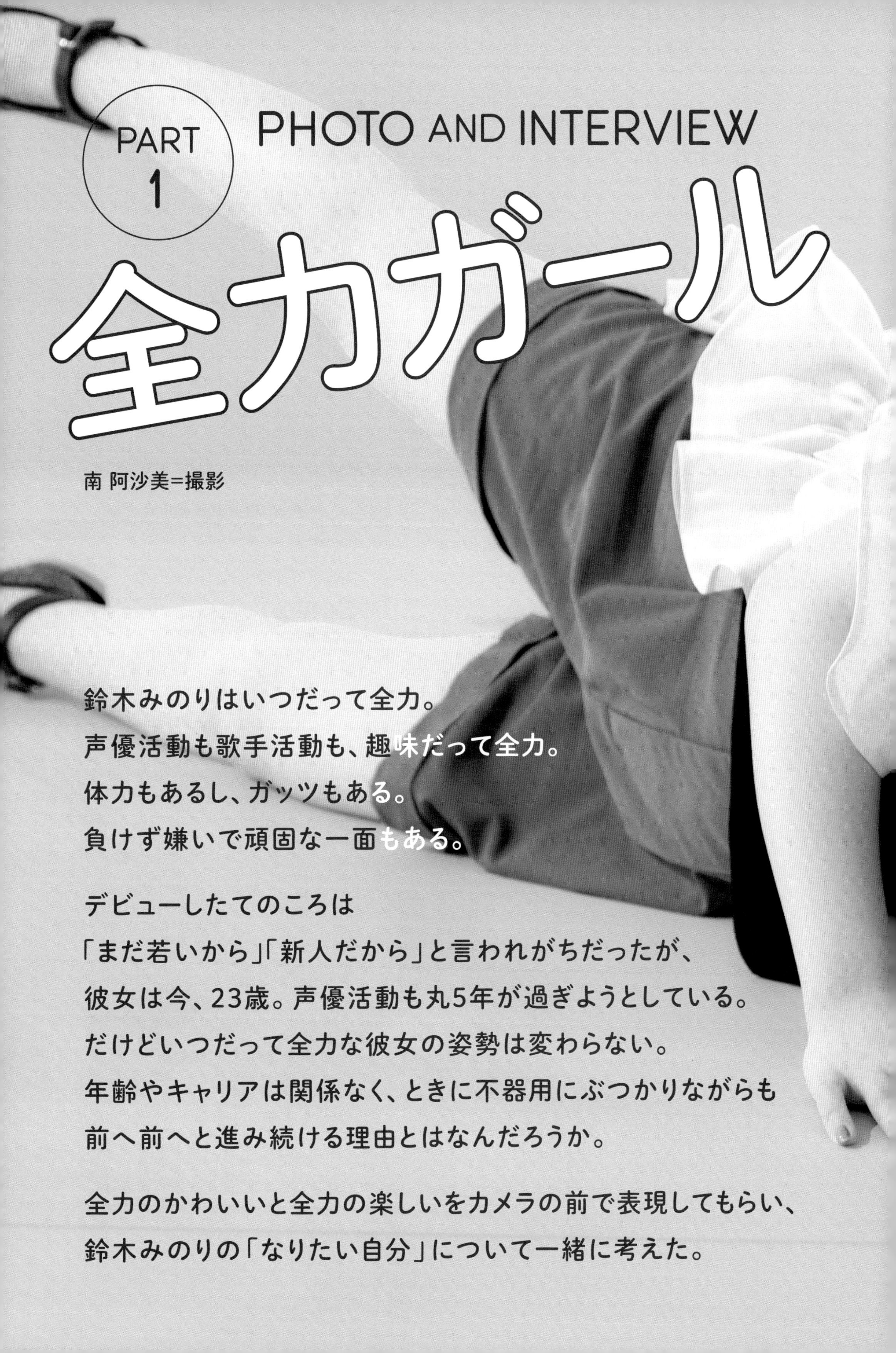

PART 1

PHOTO AND INTERVIEW

全力ガール

南 阿沙美=撮影

鈴木みのりはいつだって全力。
声優活動も歌手活動も、趣味だって全力。
体力もあるし、ガッツもある。
負けず嫌いで頑固な一面もある。

デビューしたてのころは
「まだ若いから」「新人だから」と言われがちだったが、
彼女は今、23歳。声優活動も丸5年が過ぎようとしている。
だけどいつだって全力な彼女の姿勢は変わらない。
年齢やキャリアは関係なく、ときに不器用にぶつかりながらも
前へ前へと進み続ける理由とはなんだろうか。

全力のかわいいと全力の楽しいをカメラの前で表現してもらい、
鈴木みのりの「なりたい自分」について一緒に考えた。

INTERVIEW

なりたい自分と届けたいこと

2ndアルバム『上ミノ』のリリースやワルキューレでの活動、朗読劇への出演など、デビュー5年目となる2020年も多忙な日々を送ることになった鈴木みのり。今回の録り下ろしインタビューでは、「声優」「ソロシンガー」「みのり自身」という3つの視点から、彼女の現在の思考を紐解いた。時にユーモアを交えながら、質問に対して真摯に向き合う表情からは、物事をポジティブに、きちんと自分自身を伝えていこうとする姿勢が滲んでいた。

声優として 認められるということ

――鈴木さんは声優になるという夢を実現したわけですが、現在の活動や立ち位置は、デビュー前に想像できていましたか?

鈴木　想像していませんでした。もちろん、良い意味で。TVアニメ『マクロスF』が好きだったことが『マクロスΔ』でのデビューにつながって、いつかCLAMP先生の作品に出演できればと思っていたら、それが『カードキャプターさくら』の（詩之本）秋穂として叶って。「夢」がこれほど早い段階で実現できることになるのは予想していなかったですね。

――『マクロスΔ』では、主人公であるフレイア・ヴィオンを演じたわけですが、そのプレッシャーは大きいものだったと思います。

鈴木　最初は〝フレイアとしていなきゃいけない〟と考えるほどでしたね。フレイアと似ている部分もあったので、TVシリーズの放送中は無理なく寄り添うこともできていたんです。ただ、作品の中でフレイアは1年しか年を取らないのですが、現実の世界でどんどん年を取っていく私とは一心同体ではなくて、どうしてもズレが出てくるじゃないですか。それは仕方のないことなのですが、「みのりちゃんはフレイアそのままだよね」と声をかけられると、「私は私なのにな」と悩んだこともありました。

――別の経験を重ねれば、「鈴木みのり」としての自我や個性は強まっていきますよね。

鈴木　そうなんです。結局、『マクロスΔ』の仕事が落ち着いて、違う現場に通ったりいろんな人と話をしたりする中で気にならなくなっていきましたが――特に大きかったのは、CLAMP先生がかけてくださった言葉なんですね。CLAMP先生はワルキューレのライブを観て「みのりちゃんは演じることが上手。だからステージで輝いていたね」と感想をくださったんです。フレイアと同一視するのではなくて、それを演じる鈴木みのりを見てくれていたことがうれしかったですし、自信が持てましたね。

――なるほど。声優としては『カードキャプターさくら』や『マクロスΔ』は大きかったと思いますが、それ以外にターニングポイントになった作品はありますか?

鈴木　やはり『アイドルマスターシンデレラガールズ』は大きかったですね。ゲーム作品なので、アニメで掛け合いの芝居をするのとまた違う声の表現をしなければならなくて、それは勉強させてもらいました。そういったメディアの違いもありますし、フレイアも秋穂も天真爛漫なキャラなのですが、演じている（藤原）肇はおっとりとしていて、大人っぽい。彼女は声優・鈴木みのりのイメージをかなり広げてくれましたね。それに、現場に同世代の女性が多かったのもはじめてで。

――『マクロスΔ』では最年少の声優でしたからね。

鈴木　『マクロスΔ』の現場では、瀬戸麻沙美さんや内田雄馬さんが、ちょうど今の私の年齢で。あのころは、瀬戸さん内田さんがいてくださったのは大きかったです。上京してすぐだったので、東京のお姉さんお兄さんという感じでした。

——ではそのころの瀬戸さん、内田さんの年齢になっていかがですか？

鈴木　私は積極的にムードメーカーになれる人間ではないんだなと思いつつ……（笑）。でも、アイマスの現場で、田辺留依ちゃんという尊敬する友達と出会えました。同い年なんですけど、キャリアは私よりもあって、すごくいろんな声で感情を表現できるんです。

——そうした出会いや経験から、収録に臨むときのルーティンに変化は生まれましたか？

鈴木　あんまり変わっていないかもしれないですね。デビューのときに三間（雅文）音響監督から、「どういう気持ちでこの芝居になるのかを考えなさい」と常に言われてきていたので、それを大切にしています。逆にそれが難しい場面もあって、ゲームの収録だと、いかに心地よい声で響かせるかが大事で。感情が乗りつつキレイな声を出せるのが究極だと思うのですが、まだまだですね。基本的なことだと、台本にメモするとか、瀬戸さんから教えてもらった、「キャラ同士の（物理的な）距離感がわからなかったら、自分で動いて実際に距離を感じてみれば良いよ」というテクニックは、今でも意識しています。

——今年は新機軸として、リーディングステージ『法廷の神様』にも出演されましたが、それが声優業に与えた影響はありましたか？

鈴木　もちろんです。そもそもアニメのアフレコとはまったく違うものだし、ストイックでした。人前で演じる朗読劇なのですが、手に台本を持っている以外、動きも含めてほぼ舞台みたいな形だったんです。体を動かして、顔に出してやっと伝わる感情は絶対にあるなと思いましたし、動線がかぶらないようにするとか、みんなで作り上げていく気持ちがより強い現場でしたね。それこそ舞台は何日も稽古して練り上げていくので。

——アフレコでの掛け合いとはまた異なる世界を感じたと。

鈴木　はい。周りを気遣うことの大切さを痛感しました。今後、アニメの現場でも掛け合いを見直していけたらと思いますし、自分のプランを一度ぶつけてみて、そこから柔軟に対応する能力は必要だなって。それは声優だけじゃなくて、ライブなどにも活かせる部分かなと感じています。

——年齢を重ねる中で声や表現が変化する部分もあったと思うのですが、長く続けている役とはどう折り合いをつけているのでしょうか？

鈴木　フレイアで言うと、TV版は勢いで駆け抜けた感じだったのですが、それから2年後の劇場版『激情のワルキューレ』で、新規にアフレコをしたんです。そのときにどうフレイアと気持ちを重ねるかは悩みました。最終的には「演じることが好き」という原点の気持ちを、歌が好きな彼女に重ね合わせることで乗り越えました。肇の場合は、最初は求められたキャラクターに近づくように声を作っていったのですが、その中で自分なりの肇が生まれてきて。肇自身もどんどん新しい色を見せてくれる子なので、私の演技もそれに合わせて変えていくのが良いかなと思っています。

——これからはどんな役を演じたいですか？

鈴木　うーん、フレイアや秋穂のような天真爛漫なキャラというのは、これからも突き詰めたいですね。自分の原点なので。「あの感じのキャラは鈴木みのりにやってもらいたい」と言われるくらいに成長できればと思います。

歌手として
自分には歌がある

——歌手としては、想像していた活動と違うところはありますか？

鈴木　想像とは違いましたね。デビューできるなら、しっとり目のバラードが似合う歌手になりたいなー、なんて思っていたんです。だから、ペンライト振ってもらうようなハイテンションのライブとか、かわいい衣装を着て歌って踊るとかは想像していませんでした。でも、歌でお客さんと盛り上がれることも、声優にとってはとても大事な仕事のひとつですし、ステージに立つうちに、そういうことも楽しいな、と考えが変わっていきましたね。ただ、まさかネギを持って歌っているとは。昔の自分が見たら「なにがあったの？」と思うんじゃないかな（笑）。

——ソロデビューの話は、いつごろから聞いていたのでしょうか？

鈴木　オーディションに受かったあと、『マクロスΔ』とそれ以後の計画表を渡されたんです。そこにソロデビューの話も書いてあったので、「うまくいけばデビューできるんだ」と。

——ソロデビュー曲となったのが、フレデリックの三原康司さんが作詞・作曲を手掛けた「FEELING AROUND」でした。それこそネギを手に持って歌うきっかけとなったわけですが。

鈴木　TVアニメ『ラーメン大好き小泉さん』のタイアップソングで、MVもラーメンをモチーフにしたシュールな作りでした。それが、その後の私にも大きな影響を与えたんだと思います。あの曲って、今でも演奏したらお客さんも必ずニコニコで、大盛り上がりになるんです。そういう光景を見て、「これが私の道かも」と。

——というと？

鈴木　私は声優オタクで、歌を歌う声優アーティストも昔から追いかけていたんです。いざ自分が声優アーティストという括りに入って、長くやっていくにはどうしたら良いのかなって考えたときに、まだ誰もいない場所を探そうと。ネギを持つこともそうだし、とにかくなんでもやる方向性に身を任せてみようと思って、1stアルバムのMVでは小坊主にもなったんです（笑）。普通、デビュー作はこういうアーティストですよ、と世間に提示するようなものになると思うのですが、『見る前に飛べ！』はなんでもアリで押し切った作品ですね。

——最初は入り口を広げて、自分になにができるのか探るというか。

鈴木　はい。ただ、ファーストのときまではなににおいても〝自分〟が強くて。歌詞も、自分の気持ちを伝えたいという思いが強すぎて空回りしていた感覚があるんです。そこから大人になったじゃないですけど、交友関係が増えたり、ハロプロとかYouTuberとか、いろんなジャンルのエンターテインメントに触れたりすることで自分を客観視できて、視野が広がったのかなと思います。それが2ndアルバム『上ミノ』にも反映されましたね。

——『上ミノ』に収録されている「Now Is The Time!」の「同じ歌台詞　言葉にしても　どれも違う世界 作ってみせるよ」という歌詞に象徴されていると思うのですが、声優アーティストである自覚があふれていて、それをお客さんに伝えようという意識がありますよね。

鈴木　ほかにも「夜空」だったり、そのカップリングで歌詞を書いた「いっせーのーでっ！」は、まさにお客さんに伝えようという意識で歌った曲ですね。

——本来ならば、『上ミノ』を引っさげた東名阪福のライブツアーでファンのみなさんとその進化をわかち合えたはずでした。

鈴木　面白いことをしたいと意気込んでいた『見る前に飛べ！』のころから、自分には歌があるというシンプルなところに戻ってきた感じがします。声優アーティストとしてのこだわりもありますが、特にライブでは、より歌手としてきちんと伝えたい思いが強くなっていますね。

——カテゴリに囚われず、歌を届けたい気持ちが強くなっている。

鈴木　もちろん、声優に憧れた者として、声優としてより活躍できれば歌を聴いてもらえるので、両方とも大切にしていきたいです。23歳になって、焦りがないと言えば嘘になるのですが、これからも自分のペースで歌えればと思いますね。

鈴木みのりとして

わかりやすい成功よりも自身の納得のために

――デビューが決まって愛知から上京して、それからひとり暮らしを続けているわけですけど、東京での生活を振り返っていかがですか？

鈴木　今は本当に楽しく過ごせていますね。周りのみなさんに本当、感謝感謝で。上京したてはやっぱりつらかったですけどね。自分で作ったカレーが「母の味」で実家を思い出して泣いたり、最初に住んだ部屋が雨漏りしたり、誕生日をひとりで過ごして孤独を感じたり……。そんな時期があったことを考えると、今年の誕生日は友だちの亜咲花ちゃんや森下来奈ちゃんに祝ってもらって。

――これからさらに楽しくなっていく予感が。

鈴木　そうなると良いですね、東京ライフ。

――以前からファンを公言するハロプロやYouTuberが支えてくれたところはありますか？

鈴木　自分の職業の意味を客観視させてくれる存在ではありますね。これまでは声優オタクだったので声優さんに勇気づけられてきたのですが、仕事をはじめてからはどうしても「勉強」みたいになってしまうというか。YouTubeとかはずっと観ていられるし、友だちみたいな親近感があるんですよね。私もYouTuberを毎週やっていたいのですが、それだとなんの人なのかわからなくなるので（笑）。

――文化放送のラジオ『鈴木みのりと笑顔満タンで!』やSHOWROOMでの『マクロスがとまらない』、ニコ生『みのりほのかれいなの立派な役者にしてください』などで、定期的にファンとコミュニケーションが取れることも大きいのでは？

鈴木　ラジオに関してはデビュー前から文化放送『超A&G+』のアプリでずっと聴いていたので、あの枠で自分のラジオをやるというのは念願でした。すごくパーソナルなことを話せる現場だし、スタッフのみなさんも、私のためにいろいろ考えてくださっていて心強いです。ラジオはいろんな気づきも多いんです。ゲストに鷲崎（健）さんが来てくださったことがあったのですが、MCの秘訣を尋ねたときに、「〝あなたのことを知りたい〟という気持ちがあれば、ゲストも話しやすくなるよ」と。おどおどせずに、知りたいという気持ちを全面に出すのが大切というのは、その後の人付き合いでも生きていますね。それからは自然といろんな人の話を聞いたり、表現を見たりすることが増えていきました。

――余裕が出てきた感じですね。

鈴木　いらない焦りはなくなったと思います。考え込んじゃうとネガティブになってしまうタイプなので、なるべくポジティブに考えられるように意識しています。その点でも、エンタメに触れることは良い気分転換になっていますね。

――これからの目標を教えてください。

鈴木　声優・歌手として大きくなりたいという思いはずっとあります。そのためにどうしたら良いのかを具体的に考えるようになりました。以前は大きな舞台でライブをすることや、わかりやすく人気が出れば成功かなと思っていたんですけど、いくら大きなところでやったとしても、自分が納得のいくパフォーマンスができなかったらそれは成功ではないんですよね。なので今は、未来につながるビジョンを持ちながら、目の前の仕事や課題に取り組むことを第一にしています。

――ひとつひとつ課題をクリアして。

鈴木　声優の在り方も、私がデビューしてからと現在とで急激に変わっていて。憧れの人はいますけど、同じ道を通ったらそのポジションに辿り着くわけではないじゃないですか。だから、移り変わっていく時代にどうやって対応していくか、それを考えながら進んでいきたいです。

えー
これ何年前だろ
懐かしすぎる〜

PART 2

ARCHIVES

走り続ける成長の記録

南 阿沙美=撮影

初めてのインタビューは彼女が地元から
東京に上京したばかりのタイミングだった。

それから約5年、あるときは声優として、
あるときは歌手として
これまで過去8度にわたり『Quick Japan』に
登場した記録をアーカイブとして一挙公開。

取材当時の写真やインタビューはそのままに、
ネギやりんごなどこれまでの取材にまつわる
アイテムとの共演を撮り下ろした。

さらには、当時の記事を改めて読んだ
本人からのコメントも収録!

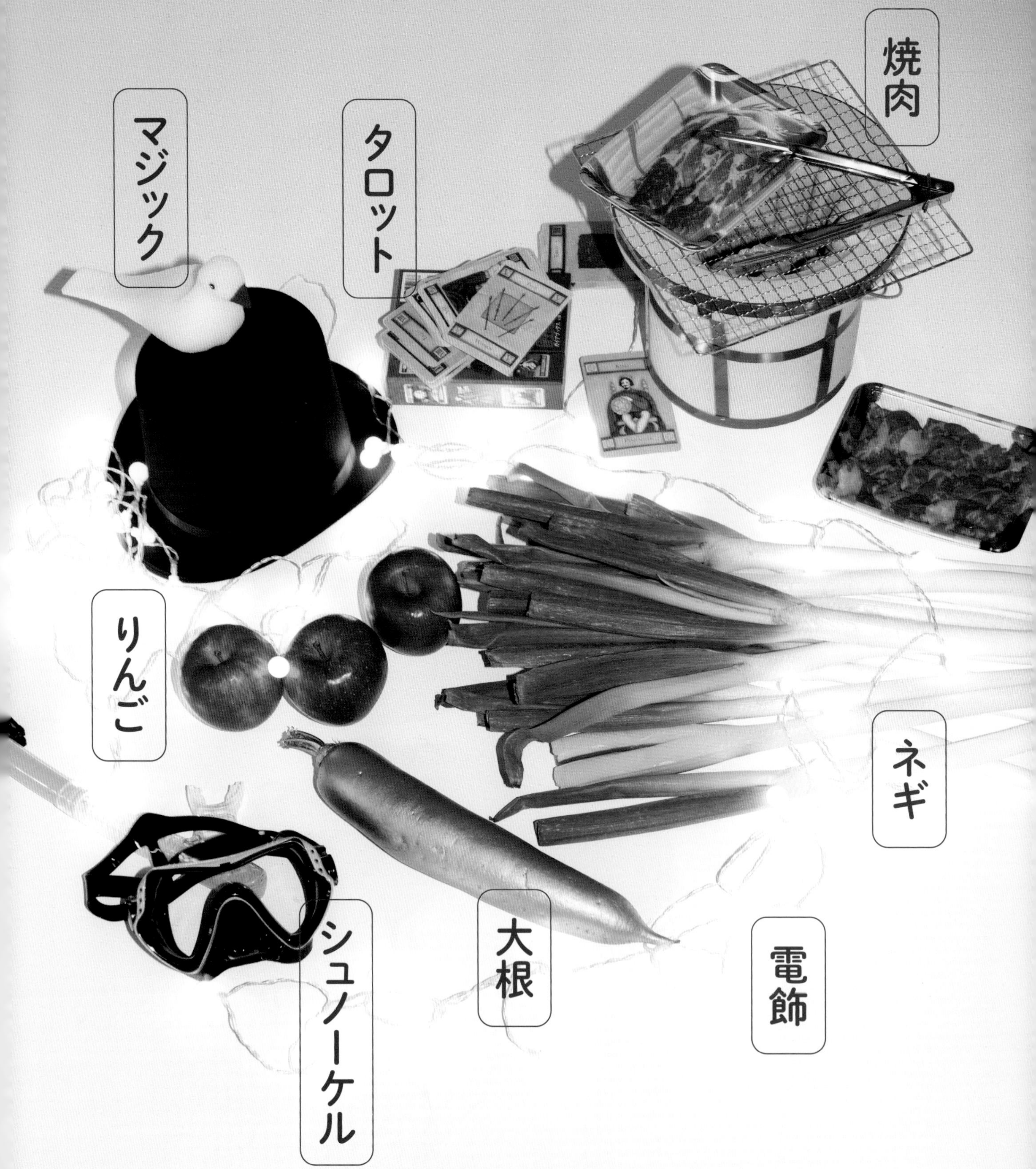
焼肉
マジック
タロット
りんご
ネギ
シュノーケル
大根
電飾

声優デビュー（まだネギと出会う前）

VOICE ACTOR

2016.4

『QJ』vol.125に掲載

「そんなものはないんですけど、一番になりたい」

新作がつくられるたびに新たな歌姫を発掘してきたマクロスシリーズ最新作『マクロスΔ』がこの4月から全国でTV放映中だ。約8000人のオーディションから見出されたのは18歳の鈴木みのり。演技も歌も未経験の新人ながら、彼女には夢を追いかけ、努力を積み重ねてきた歩みがあった。夢の第一歩を踏み出した彼女が思う「声優」とは。

　小学校のころ学芸会で歌とお芝居をやって両方とも楽しいなと思っていたり、国語の授業の朗読発表会でほめてもらうことが多かったんです。それで、歌とお芝居と朗読が全部ができる仕事がいいなと思っていた小学校5、6年生のころ、深夜アニメの『涼宮ハルヒの憂鬱』で〝声優〟の存在を知りました。「これは全部の夢が叶えられる!」と。それでアニソンのことも知って、「星間飛行」と「ダイアモンド クレバス」から入って『マクロスF』にたどりついたんです。だから、最初に憧れたのはランカちゃんを演じていた中島愛さん。今一番憧れているのは坂本真綾さんで、ファンクラブにも入っています。

　父はアニメが好きで、母は音楽が好きで、その影響も受けていると思います。声優になりたいということに対して、親の反対はなかったです。親も私の夢について気にしてくれて、そのうち母がGRANRODEOさんや水樹奈々さんを好きになって、一緒にライブに行くようにもなりました。

　目指すと決めてからは、自宅が一軒家だったので、いろいろな曲を歌う練習を毎日気が済むまでしたり、マンガや小説を声に出して読む練習をしていました。録音して、自分で聞いてみて「よくなかったな」と気付いたらノートに書いたりしました。でも中学生のときに受けた一般のオーディションでは書類選考で落ちてしまいましたし、高校に入ってからも一度受けてみたんですが、それもだめで。自分の力のなさを痛感しました……。

　そのあとお芝居の勉強に、高校2年生から週1回、地元の名古屋から東京まで通いはじめたんです。本当は東京の学校の存在を知ったときに「今すぐ行きたい」と親に言ったんですけど、「高校生まで待ってね」と言われて、高校1年のときにアルバイトをしてお金を貯めて、やっと通いはじめて。「名古屋の学校でもいいじゃない」と言われたんですが、東京のほうがいろんな方がいらっしゃるし、チャンスがあるのかなと。

　私はもともとは飽きっぽい性格で、声優という夢を見つけるまでは3カ月ごとに夢が変わる感じだったんです。でも初めて長い期間目指すものができて、そこからは声優以外のほかの仕事のことは、考えなかったです。『マクロスΔ』で私が演じるフレイアはアイドルなので、演じるうえで参考になればと思い、最近はAKB48さんや乃木坂46さんの研究もしていたりします。

　私は自分の夢を周囲に公言するタイプだったので、友達も私が声優になりたいことを知っていたんですが、学校でもマクロスのオーディションに受かる前は「無理だよ」とは言わないまでも「はいはい」みたいな人もいましたね。公式に発表になってからは、友達よりも友達の両親が「おまえの友達、めちゃくちゃすごいぞ」という感じで盛り上がってくれたりしました。最近になって私がいろんな雑誌に出させていただいたり、『マクロスΔ』のCMも流れるようになってから「みのりはすごいことやってたんだね」と友達も言ってくれるようになりました。

役とシンクロしながら自分も変わりつつある

　最初はとても緊張していて、まわりとしゃべることができなかったんですけど、作中に出てくる戦術音楽ユニット〝ワルキューレ〟の声優さんを中心にすごくよくしてくださって、いまは皆さんと話をさせていただいていて、あったかい現場だなあ、と実感しています。プロの声優は、音響監督の指示に従って演技を変えていく対応力の高さがすごくて。キャラクターのことをずっと考えていて、すごく難しい指示を出されても挑み続けるんですよね。私はせいぜい「このセリフはこう言おう」と思って練習するくらいだったんですけど、お芝居って生ものなんだな、と。セリフのイントネーションのこと、絵に合わせることばかり考えていたんですけど、そうじゃなくて「どうしてフレイアがここでこう言うのかをしっかり考えなさい。絵なんて関係ない。絵に騙されるな。感情を読み取って演技することが大事なんだ」と教えていただいて。そこからは歌うときも演じるときにもそれを心がけて、だんだんフレイアについて考える時間が増えて、今はより一層わかっていっている気がします。お芝

居でわかってきたフレイアの感情を歌で表すこともできますし、歌とお芝居はリンクしている感じがします。今回の『マクロスΔ』ではアフレコブースでも歌を録るときがあるんですけど、同じ曲でもCDのレコーディングのときとアニメのときでは感情の入れ方が違うので新鮮ですし、すごく発見があります。

　でも、歌については悩みました。美雲さん（ワルキューレのエースボーカル）の歌を歌っているJUNNAちゃんがとても歌が上手で、パワフルな歌声なんです。フレイアと美雲さんはいっしょに歌うことが多いから、私が足を引っ張っているんじゃないかと少し不安になったりもしたんです。JUNNAちゃんは15歳で、私のほうが年上なのに……。だけど、つい昨日、JUNNAちゃんの歌に合わせて自分もレコーディングする機会があって、気付いたんです。フレイアは美雲さんに憧れているんだから、私はフレイアらしく美雲さんの歌に憧れている人間として歌えばいいんだ、って。そんなふうにして役とシンクロしながら、自分の考え方も変わりつつある感じがしています。

フレイアと一緒に成長して、その先もいろいろな作品に挑戦したい

　声優さんってラジオパーソナリティをされたりとか、いろんなことに挑戦させてもらえる、求められるものが多岐にわたる職業になってきているので、やるからには中途半端にならないように、歌や演技一本でやっている方に負けないくらいに、と思っています。マクロスでなかったら、いきなりこんなになんでもやらせていただけていないと思うんです。私のやりたいと思っていたことが全部マクロスのおかげで叶えられる、そういうチャンスをいただけたから、よく「18歳、若いね」と言っていただけるのですが、そこに甘えずに、実力をつけていきたいです。

　フレイアと一緒に成長して、でも作品が終わるころにはフレイアを超える表現者になっていたいですし、将来、マクロスという肩書きがなくても私を知ってもらえるように、その先もいろいろな作品、いろいろな楽曲に挑戦して、私にしかできないキャラクターや音楽をやれるようになって、声優界を代表できるような存在になれたらな、と。

　上京してきて、新しいことをたくさんはじめたいなと思うようになっています。今は歌うことしかできないんですけど、自分の音楽を表現するには楽器ができたらなと思ってパソコンを買ったり。作曲にもチャレンジしたいですし、歌手としてももっともっと成長できると思っているし、役者としても——そんなものはないんですけど、一番をとりたいですし……将来的には、今まで誰もやったことのないことをしてみたいな、と思っています。

みのりコメント

当時持ってる服では一番オシャレなのを着て来ました。あと、ライターさんが坂本真綾さんのファンで、すごい意気投合しました。飽きるのが早いのは、今も変わらないですね（笑）。

マネージャー
吉川美穂（e-stone music）×
宣伝担当
鈴木裕介（フライングドッグ）

スタッフが語るチームみのりんご

ソロデビューから彼女のマネージメントを担当する吉川と、音楽宣伝を担当する鈴木（通称“ジャック”）。彼女を長年サポートするふたりと鈴木みのりとの出会いからチームとしてどのように日々の現場やプロジェクトに向き合っているのか話を聞いた。

――まずはジャックさんから、みのりさんとの出会いについて聞かせていただけますか。

鈴木（以下J） 最初に出会ったのは、『マクロスΔ』のオーディションですね。2015年の春だったかな。スタジオでの最終審査だったんですけど、集まっていたのは20人ぐらいですかね。みのりちゃんの順番が来て「今日はとにかく笑顔だけでも、覚えて帰ってほしい」と言って歌ったんです。歌はやっぱり光るものがあって、あとはフレイアの設定が非常に元気娘っていうところもハマってて。すごく好印象だったんですよね。

――笑顔が印象的で、かつ歌もすごいしっかりと。そこから、合格されてジャックさんが担当されるように？

J 最初から担当というよりは、僕がTVアニメ『マクロスΔ』の音楽を宣伝担当としてやるっていうことが決まっていたんですよね。あくまで作品ベースで動いているので、特に担当というわけでもなく、みのりちゃんも僕を担当として見ていたわけではないと思うので。みのりちゃんの担当になると決まったのは「FEELING AROUND」のときになります。

――吉川さんが担当されるようになったのは、作品としては「FEELING AROUND」のタイミングで合っていますか？

吉川 そうですね。実は私、途中から今の事務所に入社したんです。当初は違うマネージャーが鈴木を担当していたので、正式に担当になったのは「FEELING AROUND」くらいからになると思います。ソロ活動以外のところでは、ワルキューレのラゾーナ川崎のイベントだったり、生放送アニメ『直感×アルゴリズム♪』の現場で会っていたり。

J 2017年の9月くらいに入ったんだっけ？

吉川 そうですね。

J じゃあ、入ってほどなくして会ってはいたんですね。

――じゃあ、ちょうど3年くらいなんですね。そばでご覧になっていて変化や成長はどのように感じますか？

吉川 日に日に上達はしてますね。本人、負けず嫌いな部分をすごく持っているタイプで。私は彼女のそこがすごくいいなあと思っていて。やっぱり負けず嫌いなところがあるから、同世代の女の子で活躍している人を見ると、もっと頑張らなきゃなあって気持ちが本人のなかで芽生えているみたいで、それが成長につながっているのかなと思います。

――マネージャーとはどんなことをするのでしょうか？

吉川 事務所によってマネージメント業務はそれぞれですが、私のところは営業をはじめスケジュール管理から現場サポートなど包括的な関わり方をしています。

J e-stone musicはほかの声優事務所と違って、基本、吉川さんが活動全般を担うスタンスなので結構大変だとは思います。声優活動だけではなく、音楽活動もファンクラブの運営から営業まで関わっているので、どちらかというと芸能事務所のような動き方をされてますよね。

吉川 イベント興行とかも事務所主体だったりするので、声優事務所としては特殊かもしれないです。

J 特殊というところだと、鈴木みのりはビクター系列の事務所所属なので、宣伝だからとか、マネージャーだからとか役割分担するのはなく一緒にプロジェクトを進めている感じですね。リリースやライブで都度都度集まるだけではなく、もうちょっと中長期的なプランでどうやっていきたいか、定期的にみんなで集まって打ち合わせして、と非常にやりがいのある現場だと思います。

吉川 これは本人の人の良さも大きいと思います。彼女の人柄もあって、鈴木みのりのプロジェクトはスタッフ一同一丸となってチームで動いている感じです。

――ヘアメイクさんなど、ほかのスタッフも家族のような仲の良さですよね。さて、これまで私も6回ほど取材でご一緒していますが、今はいい感じなのかなとか、今回はちょっと落ち気味なのかなとか、年によって気持ちに浮き沈みがあるように感じていました。最近の鈴木さんは安定して気持ちが上向きかなと思うのですがいかがでしょう。

J その見立ては合ってると思います。現場での対応力や表現力を感じたり学んだりしてると本人も言っていました。今はとにかくいろんな現場を体験してほしいし、僕たちもいろんな景色を彼女に見せなきゃいけない。まだ23歳になったばかりで、もっともっと吸収できるしそれを活かして成長もできる歳だと思うので。

吉川 この業界でも本人の曲含め声含め「いい」って言ってくださる方が結構増えてきたなって感じます。それをもっと多くの方に、業界の方もファンの方も増やしていけるように、私たちも本人に寄り添い頑張ってサポートしていきたいなと思っています。

吉川美穂　Miho Yoshikawa
e-stone musicマネージャー。鈴木みのりがソロデビューのタイミングから担当している。からあげやチキン南蛮が好き

鈴木裕介　Yusuke Jack Suzuki
“ジャック”の愛称でも知られるフライングドッグの宣伝。坂本真綾／ワルキューレなどのアーティストや、TVアニメ『マクロスΔ』『マクロスF』『艦隊これくしょん―艦これ―』関連の音楽宣伝も担当。趣味は自転車

2016.6

『QJ』vol.126 に掲載

「今死んでもいい」という気持ちで、命がけの歌を

2016年5月14日、戦術音楽ユニット・ワルキューレの1stシングル「一度だけの恋なら」リリースイベントとしてラゾーナ川崎で行われた、フレイア役の鈴木みのりと、美雲の歌を担当するJUNNAによるフリーライブには、各フロアをすべて埋め尽くすほど大勢のファンが集まった。河森正治総監督はふたりが楽屋からステージに向かい、歌う様子をスマホで撮影していたという。その姿、会場の熱気は、その後の『Δ』制作に反映されただろう。もちろん歌い手である鈴木みのりにとっても。ワルキューレ1stアルバム『Walküre Attack!』発売を7月に、1st LIVE in ZEPP “Walküre Attack!” の皮切りを8月に控える彼女に、歌を中心に『Δ』について、フレイアについて聞いた。

――フレイアがワルキューレに選ばれたのは「歌がうまいから」的なアイドルとしての適性ではなく「フォールドレセプター（声の特質）を持っているから」でしたが、ご自身もオーディションでデビューされた身としてどう思いましたか。

鈴木　フレイアはどんな理由であれ、自分が好きなワルキューレに入れてうれしかったと思います。マクロスのオーディションでも、私より歌や演技が上手い方は

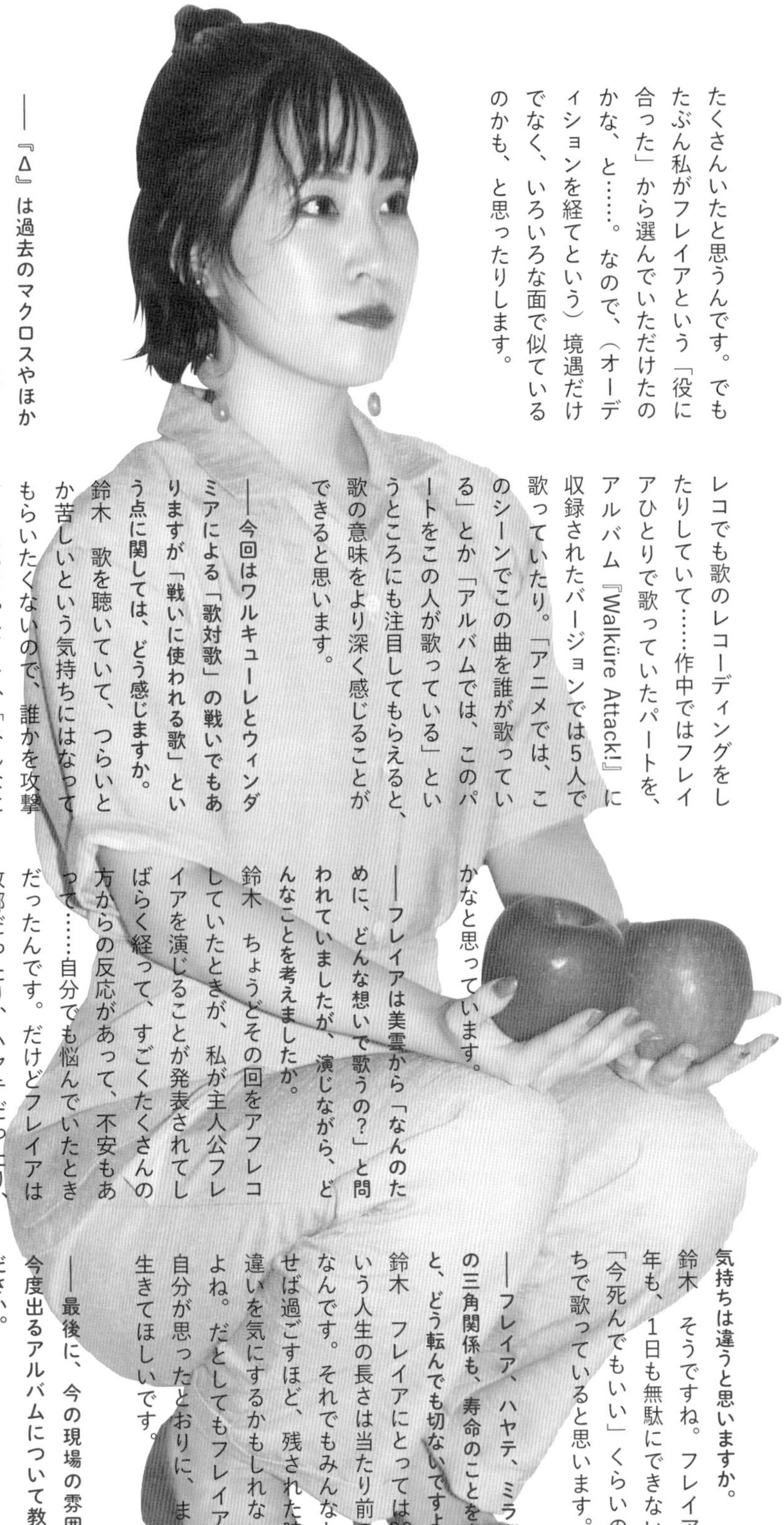

たくさんいたと思うんです。でもたぶん私がフレイアという「役に合った」から選んでいただけたのかな、と……。なので、(オーディションを経てという)境遇だけでなく、いろいろな面で似ているのかも、と思ったりします。

――『Δ』は過去のマクロスやほかのアイドルアニメとは、どう違うと思いますか。

鈴木 「歌で戦う」、命がけで歌っている作品なので、歌に対する熱さは負けていないと思います。今までのマクロスと比べても、歌い手の人数が多いですし、曲もいろんなジャンルの音楽があって、CDのバージョンとはまた別にアフレコでも歌のレコーディングをしたりしていて……作中ではフレイアひとりで歌っていたパートを、アルバム『Walküre Attack!』に収録されたバージョンでは5人で歌っていたり。「アニメでは、このシーンでこの曲を誰が歌っている」とか「アルバムでは、このパートをこの人が歌っている」というところにも注目してもらえると、歌の意味をより深く感じることができると思います。

――今回はワルキューレとウィンダミアによる「歌対歌」の戦いでもありますが「戦いに使われる歌」という点に関しては、どう感じますか。

鈴木 歌を聴いていて、つらいとか苦しいという気持ちにはなってもらいたくないので、誰かを攻撃するためじゃなくて、「みんなに気持ちが通じれば平和になる」「ハヤテを守る」と思って歌っています。フレイアが憧れている美雲さんもきっと歌がすごく好きで、「戦うため」よりも「自分が好きなことを貫く」という気持ちが強いからこそフレイアにも期待して、厳しい言葉をくれているんじゃないかなと思っています。

――フレイアは美雲から「なんのために、どんな想いで歌うの?」と問われていましたが、演じながら、どんなことを考えましたか。

鈴木 ちょうどその回をアフレコしていたときが、私が主人公フレイアを演じることが発表されてしばらく経って、すごくたくさんの方からの反応があって、不安もあって……自分でも悩んでいたときだったんです。だけどフレイアは故郷だったり、ハヤテだったり、「ひとのために歌う」と決めていたから、私もフレイアに引っ張られて。なので、今はフレイアのことを第一に考えて、マクロスのために全力で歌っています。

命の短いフレイアだからこその、歌と恋を

――フレイアたちウィンダミア人の寿命は約30年ですが、約80年の地球人とでは、歌うときの気持ちは違うと思いますか。

鈴木 そうですね。フレイアは1年も、1日も無駄にできないので「今死んでもいい」くらいの気持ちで歌っていると思います。

――フレイア、ハヤテ、ミラージュの三角関係も、寿命のことを考えると、どう転んでも切ないですよね。

鈴木 フレイアにとっては30年という人生の長さは当たり前のことなんです。それでもみんなと過ごせば過ごすほど、残された時間の違いを気にするかもしれないですよね。だとしてもフレイアには、自分が思ったとおりに、まっすぐ生きてほしいです。

――最後に、今の現場の雰囲気と、今度出るアルバムについて教えてください。

鈴木 アフレコ現場は回を増すごとにあったかい場所になっています。JUNNAちゃんとは歌だけなので、会う機会も少なくて最初はお互いカチコチだったんですけど、最近は打ち解けて、天然でかわいい素の部分も見せてくれます。でもいざ歌やダンスになると、スイッチが入ってかっこよさとミステリアスさが出るのが美雲と一緒で……。ワルキューレのメンバーとの関係が深まることで、歌でも演技でもワルキューレの心地良さ、フレイアらしさがわかってきた気がします。1stアルバムは『Walküre Attack!』ということで、"アタック"にかけて、ジャケットの絵で5人がバレーボールをしていたり、初回限定盤についているDVDでは私たちの後ろで大爆発が起こったりしているすごいPVも観られますので(笑)、まじめなだけじゃない『Δ』の一面も含めて、ぜひ楽しんでください。

みのりコメント

このころは我が強くて、生意気な小娘って感じですね……。これも自信満々の一張羅です。けど、前号から既にちょっと垢抜けた感じなのは我ながらさすが(笑)。

楽曲全解説
〜シングル編〜

デビュー曲「FEELING AROUND」から最新シングル「エフェメラをあつめて」まで、これまでリリースした全シングルを解説。シングルすべてがアニメタイアップ曲となっており、ポップでキュートな楽曲や壮大なバラードなどアニメ作品の世界観を見事に体現していると同時に、徐々に変化している鈴木自身の歌手としての成長が楽しめるものとなっている。

1stシングル

「FEELING AROUND」

2018年1月24日発売

TVアニメ『ラーメン大好き小泉さん』のオープニングテーマであり、鈴木みのりのデビューシングル。「オドループ」などのヒットで知られるフレデリックの三原康司が作詞・作曲、軽快なイントロからキュートに駆け抜けるダンス・チューンとなっている。ラーメンをモチーフにした歌詞を、リズミカルに歌いこなす鈴木のボーカルが聴きどころ。MVに登場したネギが、ライブにおける重要な小道具になるとはこのときは誰も知る由がなかった。

2ndシングル

「Crosswalk／リワインド」

2018年5月9日発売

TVアニメ『あまんちゅ!〜あどばんす〜』のオープニングテーマ「Crosswalk」と、TVアニメ『カードキャプターさくら クリアカード編』エンディングテーマ「リワインド」の両A面シングル。鈴木がリスペクトする坂本真綾が作詞を、作曲を北川勝利が手掛けた「Crosswalk」では、紡ぐように丁寧に歌い上げる鈴木のボーカルがポイント。一方、エレクトロ・ポップス「リワインド」では柔らかく跳ねるタッチの声を聴かせ、“元気印”だけではない新たな鈴木の表情が垣間見えた。

3rdシングル

「ダメハダメ」

2019年8月7日発売

TVアニメ『手品先輩』のエンディングテーマ。畳み掛けるようなサビが絶大なインパクトを誇るハイテンションソング。「ダメ?ダメ!ダメ?ダメ!」に代表されるセリフチックなフレーズが随所に挟み込まれているが、それを難なく歌い(演じ)きってしまうあたり、声優としての技量も感じさせる一曲。アルバム未収録の3曲目「One More Step」は、KAN SANOとLauren Kaoriの共作によるシックなダンス・トラックで、鈴木もクールな歌声で応えている。

4thシングル

「夜空」

2020年2月12日発売

TVアニメ『恋する小惑星(アステロイド)』のエンディングテーマで、壮大なアレンジが施されたドラマティックなバラード。こうしたサウンドを活かすにあたってはボーカルに高い技量が求められるが、大仰になりすぎない、鈴木の凛とした歌声が“空の広さ”をリアルに感じさせる仕上がりに。カップリングの「まぼろし」もバラードであるが、こちらは「冬」の気配を纏うシリアスな一曲。透明度の高い鈴木の声が儚げに届く異色作と言えよう。

配信シングル

「エフェメラをあつめて」

2020年6月3日発売

TVアニメ『本好きの下剋上 司書になるためには手段を選んでいられません』のエンディングテーマで、やなぎなぎ(作詞)×kz(作曲・編曲)の豪華タッグによるミディアム・ナンバー。「エフェメラ」とは、ハガキやポスター、チラシなど保存を意図していない印刷物を指す言葉で、そこに記された記録や人生を巡るような歌詞は味わい深い。美しく流れるようなメロディラインも印象的で、鈴木のボーカルも、まるでペンを走らせるように淀みなく響く。

森 樹=文

2018.10

『QJ』vol.140 に掲載

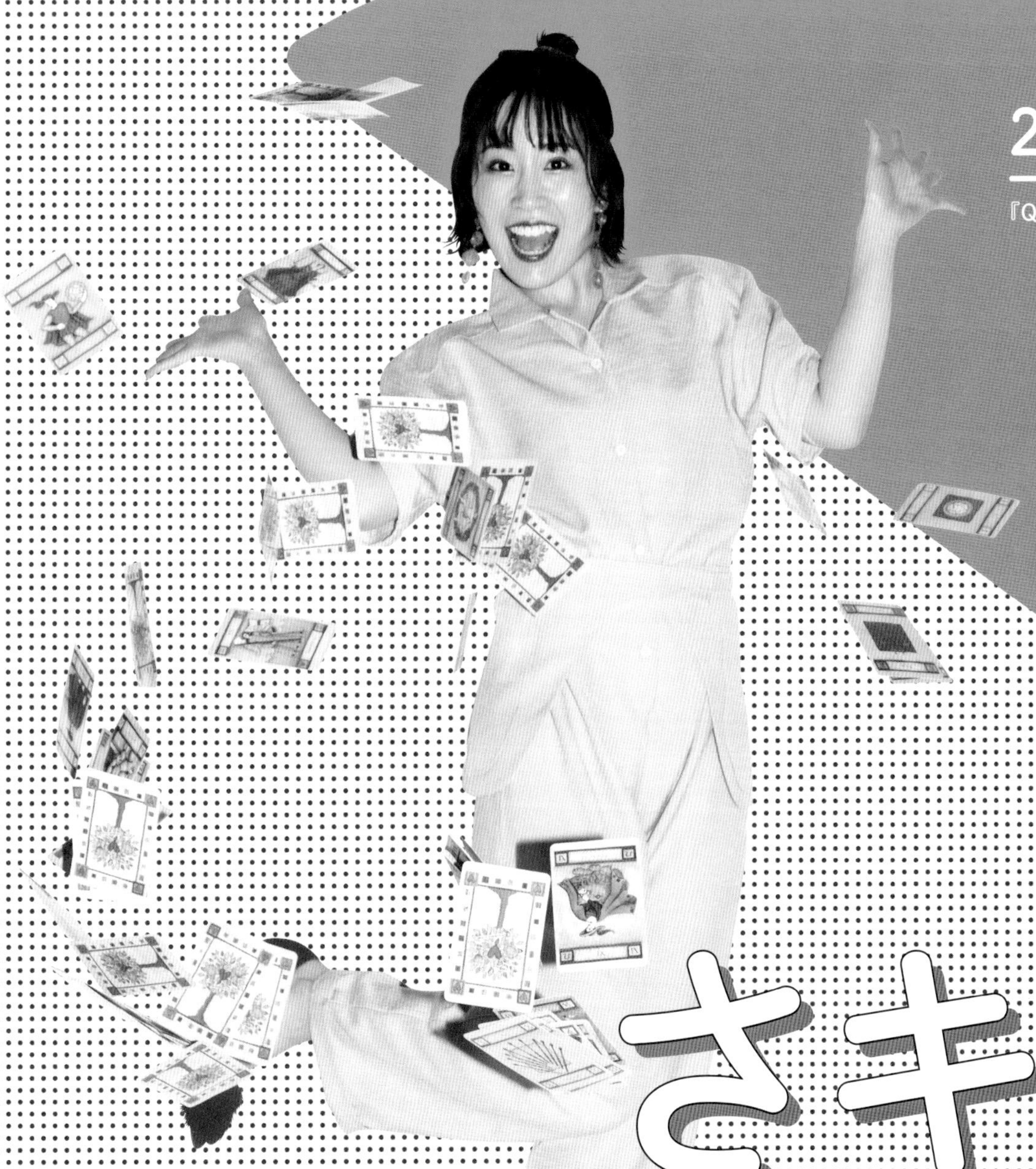

カードキャプターさくら

CARDCAPTOR SAKURA

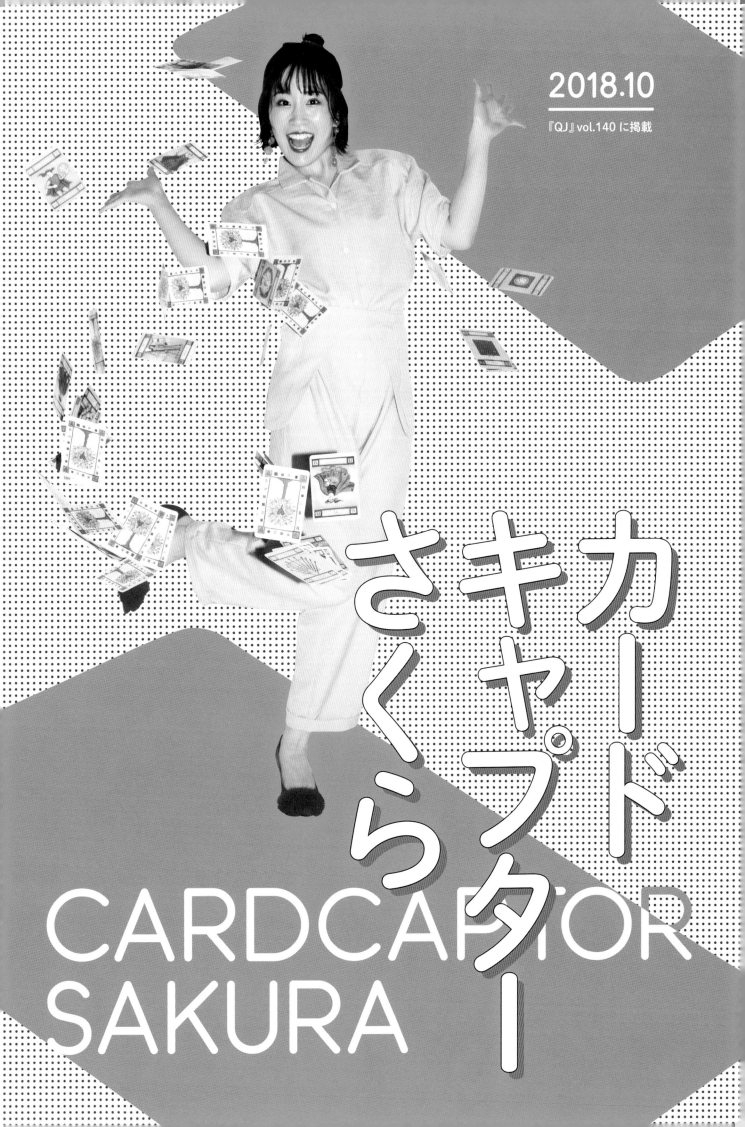

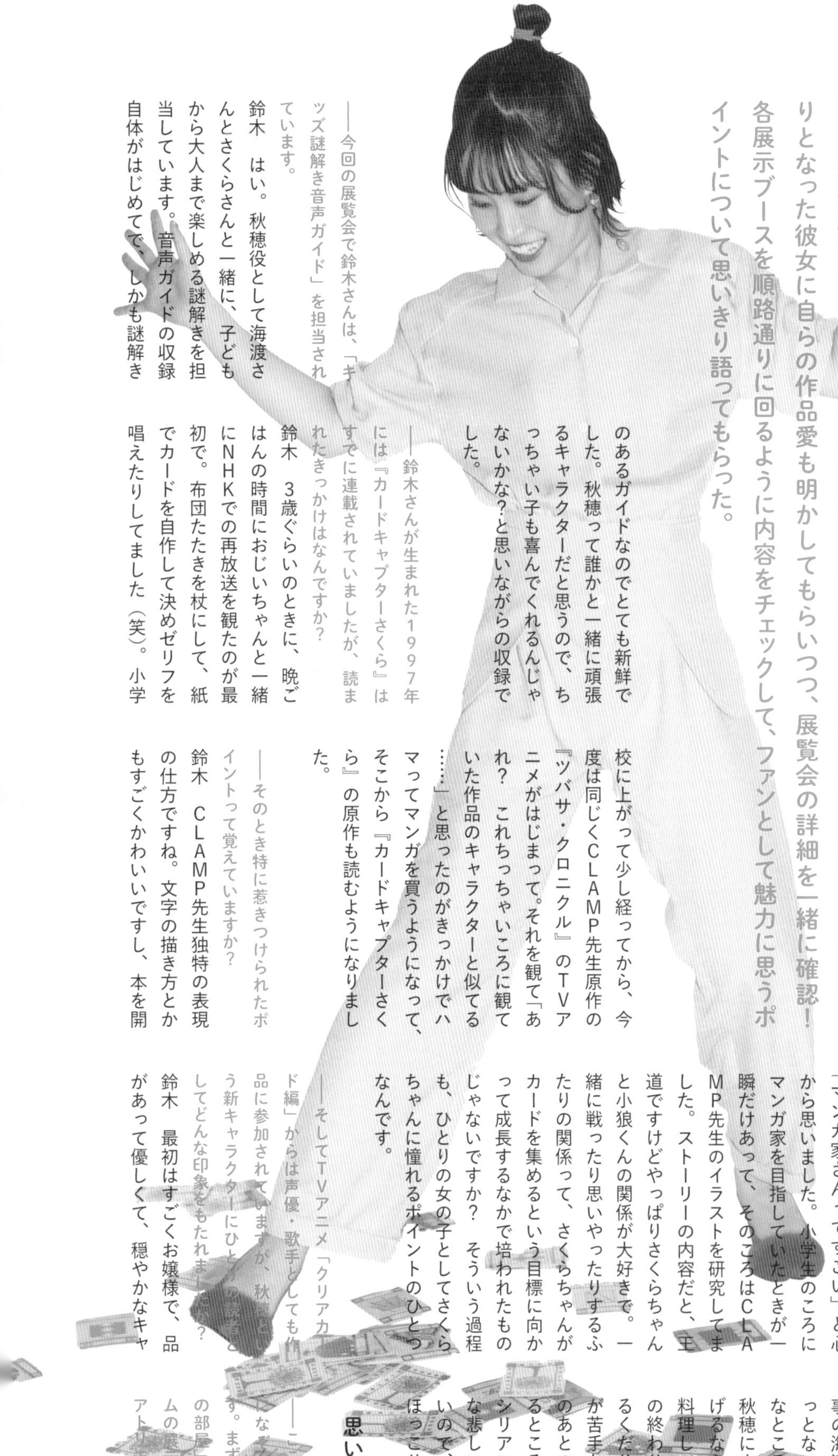

思い出を更新できる展覧会

TVアニメ『カードキャプターさくら クリアカード編』で、詩之本秋穂役の声優や第2期EDテーマ「リワインド」を歌うアーティストとして作品に携わった鈴木みのり。実は彼女は、幼いころから『カードキャプターさくら』に親しんできた。展覧会(※)では秋穂役として「キッズ謎解き音声ガイド」にも挑戦しているのだが、10月頭の取材段階ではまだ本展の詳細については知らされていない。そこで、今〝作品に一番近いファン〟のひとりとなった彼女に自らの作品愛も明かしてもらいつつ、展覧会の詳細を一緒に確認！ 各展示ブースを順路通りに回るように内容をチェックして、ファンとして魅力に思うポイントについて思いきり語ってもらった。

――今回の展覧会で鈴木さんは、「キッズ謎解き音声ガイド」を担当されています。

鈴木　はい。秋穂役として海渡さんとさくらさんと一緒に、子どもから大人まで楽しめる謎解きを担当しています。音声ガイドの収録自体がはじめてで、しかも謎解きのあるガイドなのでとても新鮮でした。秋穂って誰かと一緒に頑張るキャラクターだと思うので、ちっちゃい子も喜んでくれるんじゃないかな?と思いながらの収録でした。

――鈴木さんが生まれた1997年には『カードキャプターさくら』はすでに連載されていましたが、読まれたきっかけはなんですか?

鈴木　3歳ぐらいのときに、晩ごはんの時間におじいちゃんと一緒にNHKでの再放送を観たのが最初で。布団たたきを杖にして、紙でカードを自作して決めゼリフを唱えたりしてました(笑)。小学校に上がって少し経ってから、今度は同じくCLAMP先生原作の『ツバサ・クロニクル』のTVアニメがはじまって。それを観て「あれ? これちっちゃいころに観ていた作品のキャラクターと似てる……」と思ったのがきっかけでハマってマンガを買うようになって、そこから『カードキャプターさくら』の原作も読むようになりました。

――そのとき特に惹きつけられたポイントって覚えていますか?

鈴木　CLAMP先生独特の表現の仕方ですね。文字の描き方とかもすごくかわいいですし、本を開いた瞬間にかわいい世界がわっと広がっていてとてもワクワクして読んでいたのを覚えています。『ツバサ -RESERVoir CHRoNiCLE-』と『カードキャプターさくら』を両方読んでいたので、作品によって少年マンガ向け、少女マンガ向けに線の太さや髪の毛のタッチを変えているのに気づいたときは、「マンガ家さんってすごい」と心から思いました。小学生のころにマンガ家を目指していたときが一瞬だけあって、そのころはCLAMP先生のイラストを研究してました。ストーリーの内容だと、王道ですけどやっぱりさくらちゃんと小狼くんの関係が大好きで。一緒に戦ったり思いやったりするふたりの関係って、さくらちゃんがカードを集めるという目標に向かって成長するなかで培われたものじゃないですか? そういう過程も、ひとりの女の子としてさくらちゃんに憧れるポイントのひとつなんです。

――そしてTVアニメ「クリアカード編」からは声優・歌手としても作品に参加されていますが、秋穂という新キャラクターにひとりの読者としてどんな印象をもたれましたか?

鈴木　最初はすごくお嬢様で、品があって優しくて、穏やかなキャラクターだなと思いました。アフレコにあたって役作りのために一旦原作は読むのを止めてしまったんですけど、アニメが一区切りついてからはまた『なかよし』の最新号でアニメの先まで読み進めていて……。原作の秋穂で特に印象的なのは、デフォルメされたときの顔がすごくかわいかったり、執事の海渡さんに対して表情がぱあっとなったりと、とても表情豊かなところですね。あと、原作での秋穂にまつわる好きなシーンを挙げるなら、さくらさんとふたりで料理しているシーンです。第3巻の終わりに、ビーフシチューを作るくだりでふたりともこんにゃくが苦手なことが判明して。第5巻のあとのお話でまた料理をしているところがあるんですが、最近はシリアスな展開になってきてみんな悲しい顔をされていることが多いので、そういうシーンがあるとほっこりします。

思い出が詰まった展示

――ここからは展示内容を一緒に順[illegible]なぞっていきたいと思っています。まずは「はじまりの書庫」と「花の部屋」を経て、バトルコスチュームの展示される「包囲された知世のアトリエ」へと続きます。ここでは、

※『カードキャプターさくら展 魔法にかけられた美術館』
([前期]2018年10月26日～11月30日、[後期]12月1日～2019年1月3日／森アーツセンターギャラリー)

須永兼次=文　山田涼香=撮影

知世のアトリエをイメージした部屋に原作に出てくるバトルコスチュームがいくつか展示されるようですね。

鈴木　これ、すごく楽しみです！　やっぱり絵が入口になってキャラクターを好きになったのが、この作品にハマる最初のきっかけだったので。（衣装の写真を見て）うわぁ、すごーい……。ＣＬＡＭＰ先生の作品のドレスって、袖は七分で襟は大きく開けるデコルテがはっきりわかる衣装が多いんですよね。でもそれって、ＣＬＡＭＰ先生のキャラクター独特のスラッとした手足があってこそ着こなせる衣装だとは思うので……私もさくらちゃんみたいに手足も首も長くなりたいな（笑）。

——原作に登場したなかで、お好きな衣装はありますか？

鈴木　どれも好きなんですけど、やっぱり第１巻表紙の、ピンクで翼が生えてる衣装ですよね。「クリアカード編」だと第３巻の表紙にもなっている「ＣＬＥＡＲ」の衣装が一番好きです。去年の夏に20周年記念で発売された、ＣＬＡＭＰ先生描き下ろしイラストをそのまま立体化したフィギュアがあって。それは予約して買ったんですけど、その衣装もすごく気に入ってます。

郵便はがき

お手数ですが
切手を
お貼りください

160-8792

184

東京都新宿区愛住町 22
第3山田ビル 4F

(株)太田出版
読者はがき係 行

お買い上げになった本のタイトル：

お名前　　性別　男・女　　年齢　　歳

ご住所　〒

お電話

e-mail

ご職業
1. 会社員　2. マスコミ関係者
3. 学生　4. 自営業
5. アルバイト　6. 公務員
7. 無職　8. その他（　　　）

記入していただいた個人情報は、アンケート収集ほか、太田出版からお客様宛ての情報発信に使わせていただきます。

太田出版からの情報を希望されない方は以下にチェックを入れてください。

□ 太田出版からの情報を希望しない。

本書をお買い求めの書店

本書をお買い求めになったきっかけ

本書をお読みになってのご意見・ご感想をご記入ください。

＊ご投稿いただいた感想は、宣伝・広告の目的で使用させていただくことがございます。あらかじめご了承ください。

＊太田出版公式HP（http://www.ohtabooks.com/）でもご意見を募集しております。

——そして「迷な原画ゾーン」ですが、前期はキャラクターごと、後期はテーマごとの原画展示と、内容がガラリと変わります。

鈴木　このブースに長居しちゃいそうな気がします（笑）。秋穂と海斗の組み合わせもあるんですね！　ほかのキャラクターの組み合わせもすごく良くて楽しみです。後期のテーマも、「ありがとう」とか想像しただけで泣いちゃいそうです。これはまた私のオタク心に火がついちゃいますね。……これ、複製原画の販売ってあるんですかね。ほかのマンガ家さんの原画展もよく行くんですけど、勇気が出なくてまだ買ったことがなくて。でも今回は、もしあるなら絶対買いたいと思っています！

——グッズのラインナップも楽しみですね。次の順路は「記録の部屋」ということで。ここにはこれまでの作品についての年表や『なかよし』の付録などが展示されます。

鈴木　これもすごいですね。連載がはじまったときは生まれる前なので、当時のものをちゃんと見たことがなくて。いとこのお姉ちゃんから『なかよし』の付録をおさがりでもらったりしていたので、当時どういうものが付録としてあったのかはなんとなくわかるんですけど。

——そして、記念撮影のできる「大なケロちゃん」がいて、これまでのカードが展示された「カードの間」を経て、最後に来場者特典のオリジナルクリアカードが前期・後期で合計2種類用意されています。

鈴木　私、コレクションするのが趣味なので、カードもグッズも本当に楽しみです。何回展覧会に通えばいいんだろう（笑）。

——展覧会もですが、原作もますます目が離せない展開になってきています。

鈴木　そうですね。マンガでは、アニメでは描かれなかった秋穂の過去も出てきて続きが気になります。CLAMP先生にアニメの打ち上げでお会いしたとき、「なぜみのりちゃんを秋穂にしたかは、これからの連載でわかるよ」って言われたんですよ。実はCLAMP先生、私の声を実際に聴いて秋穂役に選んでくださったとお聞きしているので、「単行本を待ってる場合じゃない！」と思って『なかよし』を最新号まで追いかけているんですが、打ち上げで理由を「歌ですか？」って聞いたら、「いや、歌じゃない」と仰っていて。声優としてはそう言っていただけたことがすごくうれしかったので、今後のストーリーもすごく楽しみにしています。

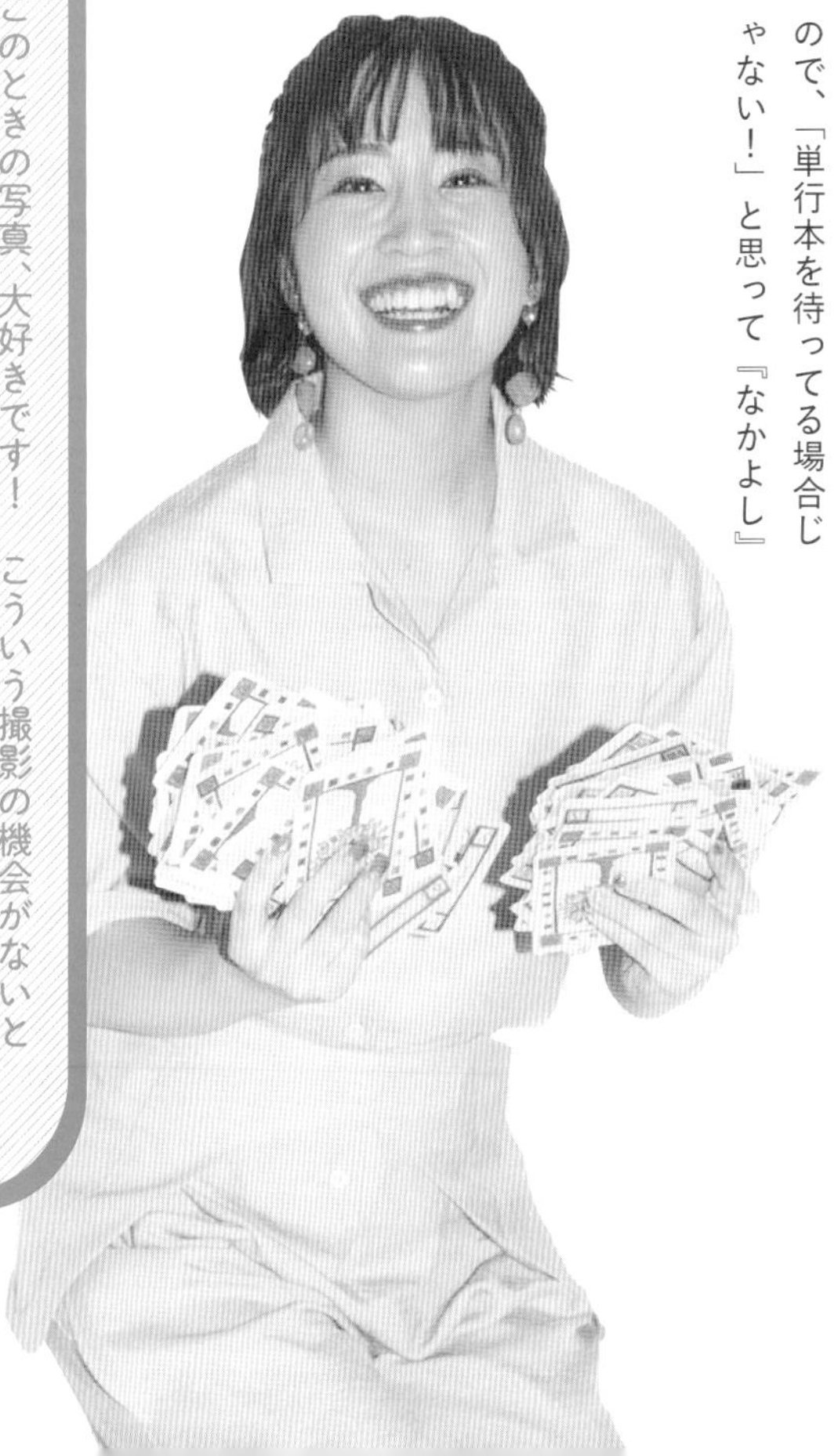

みのりコメント

このときの写真、大好きです！　こういう撮影の機会がないとなかなか行けない場所でしたし。屋上で撮ってもらった写真のオフショットは今でも思い出として大切にとっています。

『ダメハダメ』

監督:東海広宣／出演:トランプマン／
2019年7月2日公開

演出よし、表情よし、銅鑼!?

吉川　来ました、東海監督4部作。
J　これ、かわいいですよね。みのりちゃんもどんどん撮られ慣れてきていい映像だと思います。女怪盗が手品を使って事件を解決するストーリーなんですけど、素の部分や女の子らしさも出ていて。
吉川　ちなみにこの月は銅鑼です。
J　『ヘンなことがしたい!』で、屏風の月に照明を当てた演出の応用で、銅鑼を月に見立てるという。
吉川　東海監督は毎回そういう斬新な演出を取り入れてきましたね。

『夜空』

監督:多田卓也／2020年1月3日公開

雨にも負けず……

吉川　……この日は嵐でした。
J　本当のことを言うと、海でのシーンを予定していたんです。客席のLEDと実際の海と星空の映像が重なって、ステージを飛び出し世界に歌いかけるような壮大なエンディングを迎えるはずだったんですよ。当日のお昼までは……。
吉川　千葉のコンサートホールで撮影したんですけど、赤いイスと青いイスの会館どっちにしようって。で、やっぱり夜空で青いイスの会館がいいよねって話になりまして。
J　青いイスのクラシックホールで、かつ海が近い……結構難しい条件だったんですよね。

『エフェメラをあつめて』

監督:酒井伸太郎／2020年4月3日公開

お嬢様・鈴木みのり

吉川　エフェメラも雨でしたね。『夜空』のリベンジをしようと海で撮影して、そのあとは初めての図書館での撮影でした。
J　海は小雨で済んだけど、最後のスタジオ撮影のときは大雨でしたね。このMVでは、僕のなかで“しっとりんご”を表現したいと言う気持ちがありました。とにかく清楚な感じの。
吉川　お嬢様っぽい感じ！　たぶん髪を切って初ですかね。『夜空』の後に髪を切ったので。
J　海行って図書館行ってハウススタジオ行って……MV撮影の日はいつも一日がかりです。

MV解説

マネージャーの吉川美穂と宣伝担当の鈴木裕介のふたりに登場いただき、これまで公開されたすべてのMVについて、改めて鑑賞しながら撮影現場の制作裏話を聞いた。

『FEELING AROUND』

監督:東海広宣/2018年1月4日公開

すべてのはじまり

鈴木(以下J)　この先のMVの方向性を決めたなという気がしてます。タイアップに合わせた歌詞ではあるものの、広く気に入ってもらえるダンサブルなポップ・ナンバーだと思うのですが、映像はだいぶトリッキーな感じになりました。

吉川　現場は結構朝早くから、24時過ぎぐらいまでの撮影になっちゃったんですけど。終始本人もすごい元気で明るく、楽しく撮っていたっていう印象でした。終わったらネギがものすごく大量に余っていて「ご自由にお持ち帰りください」って箱に書いてあって。

J　みんなで持ち帰りましたね。

『Crosswalk』

監督:東海広宣/2018年4月8日公開

初めてのロケMV、ラーメンふたたび

J　市役所の屋上や電車の中でも撮影しているので、許可とかも含めるとわりと大掛かりでしたね。伊東市役所と鉄道会社の伊豆急に許可取って進めていたので。

吉川　たしかに。電車のシーンもほかのお客さんがいる中でしたし。

J　あとは前のMVのエッセンスを入れようとして、急遽、中華料理の「金華」さんにもご協力いただいて撮影しました。ラーメンのシーンのためだけに(笑)。

『ヘンなことがしたい!』

監督:東海広宣/2018年11月19日公開

ヘンだけど、いろんな"かわいい"も

吉川　このMV、マルコメちゃんみたいでめっちゃかわいいんですよ。

J　吉川さん最初からずっと言ってますよね。僕一応お寺の孫なので、お堂にミラーボールを設置とか心配で心配で。そしたら「住職さんも快諾ですよ」「嘘でしょ!?」って。

吉川　今まででいちばんノリノリだったかも。2番のシーンでカレーライスを食べたあともなんていい笑顔なんだってくらい素敵で……お腹空いてたんだなって(笑)。

J　(MVを観ながら)いや、すごいな。今観ても。

Crosswalk/リワインド

REWIND
CROSSWALK

2018.4

『QJ』vol.137 に掲載

鈴木みのりの夢の続き

TVアニメ『マクロスΔ』で約8000人の中からフレイア・ヴィオン役に選ばれ、劇中から派生したユニット「ワルキューレ」のエースボーカルとして横浜アリーナの大舞台にも立った声優・鈴木みのり。2018年1月には歌手としてソロデビューを果たした彼女が、早くも2ndシングル「Crosswalk／リワインド」をリリースする。本作で叶えられた夢とは?

――1月にソロデビューされたわけですが、やはりワルキューレとは心持ちは違いますか?

鈴木　違いますね。ワルキューレのときはフレイアというキャラクター名義なので、彼女がどう想うかがメインなのですが、ソロのときは自分がどのように歌詞や曲を捉えるかが大切なので。

――すでに自分らしさを出せている実感はありますか?

鈴木　どうでしょう……。ただ、デビュー曲「FEELING AROUND」のリリースイベントのときに、「これまでは『マクロスΔ』やフレイアのファンの方がいたかもしれないけれど、今日はみんな、みのりちゃんを見に来ているんだよ」と言葉をかけてくれたファンの方がいて。ありがたさと同時に、〝私〟の歌を聴きに来てくれたんだなという実感がわきました。実際に、イベントには「FEELING AROUND」がOPテーマのTVアニメ『ラーメン大好き小泉さん』のファンや、フレデリックさん（作詞・作曲を手掛けた三原康司のバンド）のファンも来てくださったりしていて、うれしかったです。

真綾さんに救われてきた

――さて、今回のシングルはダブルタイアップです。まず、TVアニメ『あまんちゅ!～あどばんす～』のタイアップ曲である「Crosswalk」は、坂本真綾さんと北川勝利さんのタッグによるバラードです。

鈴木　私はデビュー前からおふたりの曲をいつか歌いたいと思っていて、それはワルキューレで叶ったのですが、こうしてソロの楽曲も作ってくださったのには感激しました。これまでも真綾さんの歌詞にはずっと救われてきたんです。特に、つらいことを乗り越えていこうというメッセージが込められた「マジックナンバー」は、オーディションとかここ一番のときはいつも歌って気合いを入れてきたので。でも、作曲の北川さんにもアドバイスをいただいたのですが、「歌えて感激、幸せ」と思うだけじゃダメだなとも感じています。楽曲を伝える側として、曲そのものへの思いをどんどん大きくしていかなくてはいけないと思いました。

――「Crosswalk」にはどのような思いを込めましたか?

鈴木　真綾さんは『あまんちゅ!～あどばんす～』の佐藤順一総監督から、キャラクターが会話をしているようなものにしてほしいとオーダーがあったそうです。私も、主人公であるてことぴかりが互いの胸の内を明かしながら、照れたり笑い合ったりしている場面を想像しつつ、それを代弁するような気持ちで歌いました。

――TVアニメ『カードキャプターさくらクリアカード編』では、詩之本秋穂役としても出演されつつ、第2期EDテーマ「リワインド」も歌われています。

鈴木　声優になる、と決めたとき、自分の夢を紙に書き出したんです。そこに、〝CLAMP先生の作品でキャラを演じたい&歌を歌いたい〟という願いも書いていて。その夢が、自分がCLAMP作品を知ったきっかけである『カードキャプターさくら』で叶うとは思いませんでした。しかも、当時とキャストさんもスタッフさんも変わらないという奇跡の現場で。

――「リワインド」はキュートな、しかしながらトリッキーなリズム感がある楽曲です。

鈴木　こちらは秋穂ではなく、『カードキャプターさくら』を彩る曲として、さくらと小狼のことを思って歌っています。中学生のさくらちゃんをイメージして歌っているので、声もちょっぴり幼い感じになっているかもしれません。

体当たりは私の武器

――本当に次々と夢を叶えている印象ですが、そのぶん重圧もすごいと思います。それに打ち勝つために意識していることはありますか？

鈴木　そうですね……、先日『カードキャプターさくら』に関する記事の中で、作品の音響監督である三間（雅文）さんが「鈴木さんのよさは、体当たりでやっていること」と評してくださっていて。三間さんとは『マクロスΔ』でもご一緒したのですが、とにかく私は、わからないことがあればすぐに聞いて、全力で取り組むことだけは心がけていました。それが自分の武器だとしたら、その気持ちは忘れないでいたいです。

――上京して2年以上経過していると思うのですが、ホームシックになることは？

鈴木　今は大丈夫ですけど、上京したてのころは、玄関とキッチンの間で、手作りのカレーを食べながら夜中に泣いていました（笑）。バーモントカレーの甘口が母親の味なんですけど、それを思い出しながら作って、口にしたらポロポロと涙が。

――夢を叶えるために来たとはいえ、やはり寂しい気持ちも。

鈴木　東京に出てきてしまったから、帰省はしてもそこで暮らすことはないんだ、と思うと寂しくなっちゃいますね。実家って口に出すと隔たりをより実感して「あぁ」って（笑）。

――（笑）。これからアーティストとしてなにかやってみたいことはありますか？

鈴木　歌手としては壮大なバラードとか、ロックな曲とか、いろんなジャンルにチャレンジして新しい"鈴木みのり"を見せていきたいです。引き続き歌詞もどんどん書いていきたいなと。出演が決まった夏フェス「アニサマ（『Animelo Summer Live 2018 "OK!"』）」では、私を知らない人もたくさんいると思うので、そういう人たちにも届くようにしたいし、この大きな舞台での経験を今後に活かしていきたいですね。

みのりコメント

「FEELING AROUND」のときに『QJ』さんとご一緒できてなくてちょっとがっかりしていたので、久々に取材いただけてうれしかったです！

楽曲全解説 ～アルバム編～

アルバムは彼女の意向や表現したいことが大いに反映されており、それぞれのアルバムタイトルを冠したライブツアーも行なってきた。1stアルバムの約1年半後にセカンドアルバムがリリースされたが、リード曲「ヘンなことがしたい！」に象徴される『見る前に飛べ！』の勢いと、『上ミノ』が醸す成熟した表現は、改めて比べて聴いてみるのも面白い。

1

1stアルバム
『見る前に飛べ！』

2018年12月19日発売

初回限定盤

通常盤

TVアニメ『マクロスΔ』から派生した5人組ユニット「ワルキューレ」での活動を経験した鈴木みのりが、ソロとしてデビューする上で自らの目標に定めたのが、これまでの声優シンガーの枠に囚われない存在感を獲得することであった。デビューアルバムである『見る前に飛べ！』は、そうした彼女の意思が、サウンドにも歌詞にもフィードバックされた内容となっている。中でもDANCE☆MANが楽曲提供を行った煩悩ディスコ・ファンク「ヘンなことがしたい！」は、ミュージックビデオで鈴木が小坊主姿を披露するなど、コミカルに振り切った内容で衝撃を与えた。

ただ、アルバム全体を通して聴けば、単にコミカルなだけではない、ハイクオリティなポップスの集合体となっているのがわかる。ライブのバンマスを務める北川勝利をはじめ、コモリタミノル、渡邉忍（ASPARAGUS）、坂本真綾、やなぎなぎなど、一流のクリエイターが参加。中でも、フレデリックの三原康司による「FEELING AROUND」は、2018年当時のJ-ROCKシーンともバッチリ共鳴するクールなダンス・ロックチューンとなっていたし、南佳孝が提供した珠玉のAOR～サマー・シティ・ポップ「いちばん最後の夏」は、編曲を清水信之が務めていることも含め、マニアをも唸らせるスイート&メロウサウンドにしびれてしまうものであった。鈴木みのりの思い切りの良さがそのボーカルにも刻まれたフレッシュな内容であるが、ポップスとして長く楽しめる中毒性を獲得しているのが魅力である。

2

2stアルバム『上ミノ』

2020年8月26日発売

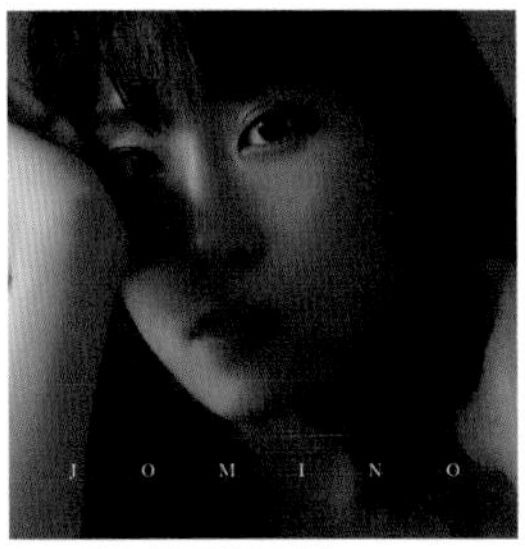

〈しお盤〉（初回限定盤）

〈タレ盤〉（通常盤）

「ライブで盛り上がる曲を作ろう」をコンセプトに、上質なみのり＝『上ミノ』を表現する作品として制作がスタートした2ndアルバム。

ビッグバンドテイストの華やかなホーンセクションが胸躍らせる「Now Is The Time！」、ユーモラス&ハイテンションに疾走する「ダメハダメ（Album Ver.）」、80's ポップスのようなキュートさが魅力の「わからないのよBABY」、堂島孝平による爽やかな胸キュン・チューン「まいっちゃう」など、前半はトキメキにあふれたムードが心地よい。一方、後半パートでは、エレクトロニックで幻想的な「月夜の夢」、変拍子も取り入れたトリッキーかつスタイリッシュなロック「茜空、私がいた街」など、新境地とも言えるサウンドにもチャレンジ。ただ、ファースト時の“なんでもアリ”の世界からは一歩外へと飛び出した感覚がある。自作詞曲が増えたこともあるが、どんな楽曲でもみのりんごカラーに染め上げるアーティストとしての強さを感じられるからだ。

なかでも、「夜空」や「エフェメラをあつめて」といったバラードで聴かせるエモーショナルなボーカルは心に刺さる。大人の、という表現は安直すぎるかもしれないが、物事の捉え方がより深く、より俯瞰的になった彼女の自信がそこに表れている作品だ。

森 樹＝文

見る前に飛べ！

MIRUMAE NI TOBE!

2018.12

『QJ』vol.141 に掲載

全身全霊、我が道

歌手としてソロデビューしてから早1年を迎えようとしている声優の鈴木みのりが、その勢いと進化を封じ込めたフルアルバム『見る前に飛べ!』をリリースする。声優として、さらにワルキューレのメンバーとしての活動も並行しながら、急スピードで駆け抜ける彼女が求めた〝自分らしさ〟とは。坊主になったり天女になったり、ネギや大根を振り回したりするなどコメディエンヌ!?な振る舞いの中に見える懸命さを、インタビューから感じ取ってほしい。

——まずは「ヘンなことがしたい!」MVでの、衝撃の坊主姿について伺おうかと思うのですが、どのようなきっかけから生まれたのでしょうか?

鈴木　1stシングル「FEELING AROUND」からソロ楽曲のMVを担当していただいている東海広宜監督のアイデアです。福田さん(福田正夫。鈴木の音楽プロデューサー)と話し合っているときに、「坊主で天女」というイメージが出てきたみたいで。宣伝担当はさすがに反対したらしいのですが、東海監督と福田さんはノリノリだったと(笑)。私も聞いたときはさすがに驚きましたけど、東海さんには信頼も置いていますし、「女性声優　坊主」で検索しても誰も出てこなかったので、やろう!と(笑)。実際に坊主姿になったとき、最初はそれこそ笑いが止まらなかったですけど、1時間もすれば慣れてしまって、その姿のまま普通にお弁当を食べていましたね……。

——「ヘンなことがしたい!」の作詞は鈴木さん本人ですが、楽曲としてはどのようなアイデアだったのでしょうか?

鈴木　「Crosswalk」のリリースイベントで地方を回っているとき

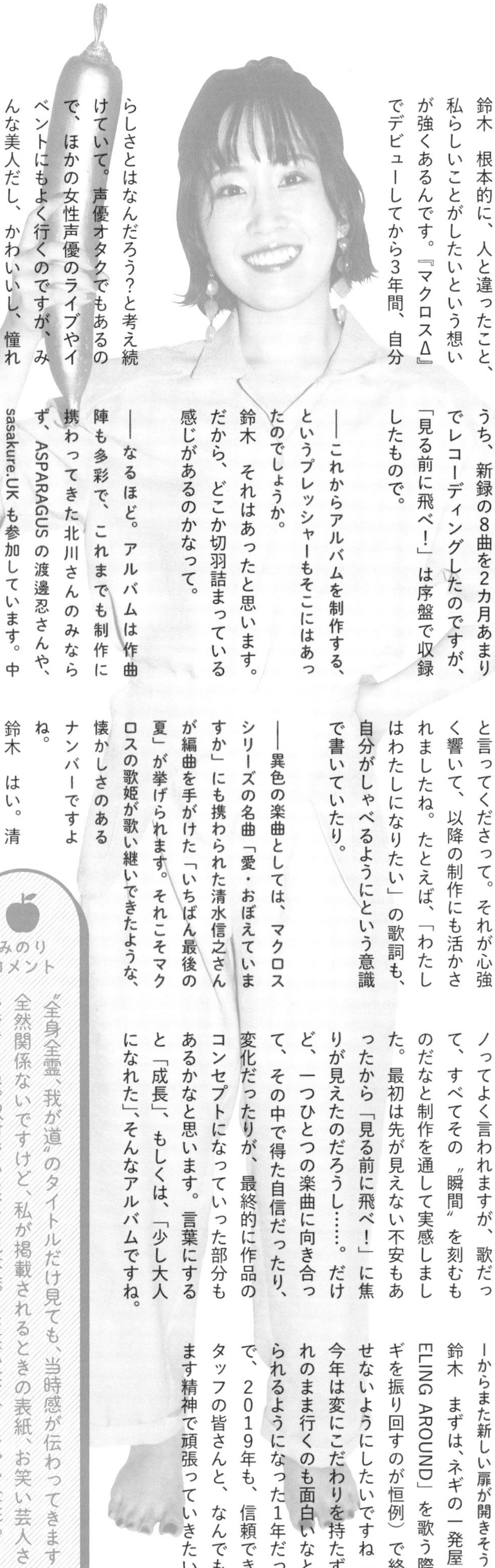

に、私が「変顔とか、変なことをしたい！」とスタッフに熱く話しているのを聞いていた福田さんが、「〝ヘンなことしたい〟、いいね。そのテーマで1曲作ろうか」と閃いたらしくて。冗談だと思っていたら、着実に進行していて、DANCE☆MAN さんが曲にしてくださいました。初めて聴いたときは本当に爆笑しましたね。

――「ヘンなことがしたい！」や表題曲「見る前に飛べ！」もそうですが、今回の作品では、変わりたい、自分の殻を破りたい、といった鈴木さんのメッセージを強く感じました。

鈴木　根本的に、人と違ったこと、私らしいことがしたいという想いが強くあるんです。『マクロスΔ』でデビューしてから3年間、自分らしさとはなんだろう?と考え続けていて。声優オタクでもあるので、ほかの女性声優のライブやイベントにもよく行くのですが、みんな美人だし、かわいいし、憧れの感情が先に立つんです。じゃあ私は、となったときに、同じことをするのではなくて、誰もが通っていない道に進んでいきたい。でも、「見る前に飛べ！」は、そことはまたちょっと違った心情があって。

――どのような心情ですか？

鈴木　「見る前に飛べ！」は北川勝利さんの作曲なのですが、自分にとって新しいタイプの、疾走感にあふれた曲なんです。その曲調もあって、〝先が見えなくてちょっと焦っている自分〟が自作の詞にも出ているんです。というのも、アルバムに収録されている楽曲のうち、新録の8曲を2カ月あまりでレコーディングしたのですが、「見る前に飛べ！」は序盤で収録したもので。

――これからアルバムを制作する、というプレッシャーもそこにはあったのでしょうか。

鈴木　それはあったと思います。だから、どこか切羽詰まっている感じがあるのかなって。

――なるほど。アルバムは作曲陣も多彩で、これまでも制作に携わってきた北川さんのみならず、ASPARAGUS の渡邊忍さんや、sasakure.UK も参加しています。中でも印象に残っている楽曲はありますか？

鈴木　渡邊さんの「おセンチなメンタル」は、すごく勉強になりましたね。レコーディングは中盤に行われたのですが、サウンドはかわいらしいイメージがある一方で歌詞は切なかったりして、歌い方としてどちらを中心に表現するべきか悩んでしまったんです。そんなときにスタジオに来られた渡邊さんが「みのりちゃんのいいところは、話すように言葉が出てくるところだから、かわいらしくとかキャラクターを意識せずに、しゃべるように歌ってくれればいい」と言ってくださって。それが心強く響いて、以降の制作にも活かされましたね。たとえば、「わたしはわたしになりたい」の歌詞も、自分がしゃべるようにという意識で書いていたり。

――異色の楽曲としては、マクロスシリーズの名曲「愛・おぼえていますか」にも携わられた清水信之さんが編曲を手がけた「いちばん最後の夏」が挙げられます。それこそマクロスの歌姫が歌い継いできたような、懐かしさのあるナンバーですよね。

鈴木　はい。清水さんに初めてお会いできたのですが、飯島真理さんだけじゃなく中島愛さんの楽曲にも参加されているので、話の流れで「愛・おぼえていますか」の裏話も聞かせていただき、感動しました。一緒に写真を撮ろうと声かけてくださったり、巨匠なのにすごく気さくな方でしたね。

――作り終えてみて、達成感みたいなものはありましたか？

鈴木　歌い方にも考え方にも歌詞にも、2カ月の間で変化していく〝鈴木みのり〟が刻まれているなと感じています。ライブは生モノってよく言われますが、歌だって、すべてその〝瞬間〟を刻むものだなと制作を通して実感しました。最初は先が見えない不安もあったから「見る前に飛べ！」に焦りが見えたのだろうし……。だけど、一つひとつの楽曲に向き合って、その中で得た自信だったり、変化だったりが、最終的に作品のコンセプトになっていった部分もあるかなと思います。言葉にすると「成長」、もしくは、「少し大人になれた」、そんなアルバムですね。

――さて、このアルバムを引っさげた初のライブツアーも決定しました。

鈴木　そうなんです。今回は生バンドと一緒にできるのが本当に楽しみで！　バンドマスターを務める北川さんに、先日のバースデーイベントでもギターを弾いてもらったのですが、生の音がある状態で歌うと、歌い手としてモチベーションが何十倍も上がるんです。普段は集団行動苦手人間ですけど、生バンドと一緒に舞台に立てるのは本当に心強いですね。

――デビューからの1年はかなり濃密だったと思いますが、来年のツアーからまた新しい扉が開きそうです。

鈴木　まずは、ネギの一発屋（「FEELING AROUND」を歌う際、ネギを振り回すのが恒例）で終わらせないようにしたいですね（笑）。今年は変にこだわりを持たずに流れのまま行くのも面白いなと感じられるようになった1年だったので、2019年も、信頼できるスタッフの皆さんと、なんでもやります精神で頑張っていきたいです。

みのり
コメント

〝全身全霊、我が道〟のタイトルだけ見ても、当時感が伝わってきますね。全然関係ないですけど、私が掲載されるときの表紙、お笑い芸人さん多いですよね。取材でいただく見本誌もお笑い芸人さん多い（笑）。

福田正夫（フライングドッグ）×
北川勝利（ROUND TABLE）

確かな意志があるから
ヘンなこともできる

“ハイクオリティなサウンドとヘンなキャラクター”――そんな鈴木みのりの音楽面を支えるプロデューサー・福田正夫と、アルバムの共同プロデューサー／ライブのバンマスを務める北川勝利が、彼女の魅力と成長を語る。

CROSSTALK

――まずは、シンガーとしての鈴木さんの第一印象を聞かせてください。

福田　最初に彼女の歌声を聴いたのは2014年の12月、『マクロスΔ』の歌姫オーディションに送られてきた動画でした。受付開始からすぐの応募で、エントリーナンバーがちょうど100番だったんです。その動画を観て、「もう、この子（で決まり）だな」と。直感的に、人を幸せにする力を本質的に持っている歌声だと思いました。

北川　ワルキューレでみのりんごの歌をはじめて聴いたのですが、そのときは力強くて、パンチがあるなという印象で。ソロ曲のディレクションに入って感じたのは、指摘したところをすぐに修正できる柔軟性もあること。だから、彼女の曲では制約が少ないぶん、自由にやれるんです。

――ライブで見せる彼女の魅力はどのように感じているのでしょうか？

北川　キレイにかわいく、ではなくて、自分らしさを表現したい気持ちが強いんだなと思います。じゃないと、ライブでネギ持って暴れたり、MVで小坊主になったりしない（笑）。僕はそれで良いと思っているんです。それをサポートできるだけの素晴らしい楽曲と演奏陣が揃っているので。

――福田さんは鈴木さんのキャラクターをどのように捉えていますか？

福田　「声優シンガー」という肩書きを持つ人が数多くいる中で、さらに生き残っていくためには彼女だけの“色”が必要だと思っていて。その色を探っていたときに、宣伝担当がふと「彼女はヘンなことがしたい子なんですよね」と漏らしたことがあって。「そうか、それでいこう」と閃いたんですよね。歌は上手いし、楽曲も超一流の制作陣がしっかりとクオリティを担保している。だけど、本人はヘンなことばっかりしているというワン&オンリーの存在感が発揮できればと。

――近年の楽曲には、鈴木さん本人が手がける歌詞も増えています。

北川　書けないと悩む人も多い中、みのりんごはサッと提出してくるタイプですよね。

福田　歌詞に関しては光るものがありますね。特に、興味があって経験値もある分野だとサッと書けて、第一稿からそれなりのクオリティがある。苦手なジャンルだとそうはいかないかなと思っていたのですが、「月夜の夢」（『上ミノ』収録）を聴いて、こういう幻想的なものもできるんだなと思いました。

――最近の鈴木さんに成長を感じますか？

北川　ワルキューレで難しい歌をずっと歌ってきているのもあって、ソロでもどんどんやれることの幅が広がってきていますね。それを自覚しているはずなので、さらにいろんなジャンルの歌を歌ってもらいたいです。

福田　もともと、指示や要求には応えられるタイプなんですよ。特にワルキューレは、あらかじめ決められたことを実現するために、いかに修練を積むか、という世界なので。一方で、自分から発信していく力がまだまだなので、それが改善できれば良いですね。

――最後に、鈴木さんへメッセージをお願いします。

北川　『上ミノ』の作業の中で、結構新しいアイデアが浮かんできたんです。みのりんごと一緒にそれを具現化したいので、これからもバリバリ関わっていければと思っています。

福田　音楽プロデューサーとして歌の上手い子は多く見てきましたが、長く活躍するには周囲から応援してもらえる人間的な魅力が必要で。彼女がこれから5年10年と続けていくには、人としてさらなる磨きをかけつつ、誰も真似できないことを増やしていけるアーティストになってもらいたいですね。

福田正夫　Masao Fukuda
音楽プロデューサー。鈴木が出演するTVアニメ『マクロスΔ』をはじめ、『ARIA』シリーズや『たまゆら』シリーズなど数々のアニメ作品の音楽をプロデュースしている

北川勝利　Katsutoshi Kitagawa
音楽ユニットROUND TABLEのギター・ボーカルを担当。鈴木の楽曲の作編曲に関わるほか、ライブではバンドマスターを務める。同じフライングドッグのアーティストでは坂本真綾や中島愛の楽曲制作も支える

ダメハダメ

DAME WA DAME

2019.8

『QJ』vol.145 に掲載

待ってるだけじゃダメ、攻める

ソロアーティストとしてデビューしてから1年半。初のワンマンツアーを経て、約1年ぶりにニューシングル「ダメハダメ」をリリースした声優・シンガーの鈴木みのりは、次なるステップを模索中。勢いや周囲のサポートだけではない、自分自身の成長と進化を勝ち取るにはどうしたら良いのか——。10月には22歳になる鈴木みのりが抱える苦悩と危機感、一方でなによりも歌が好きという想い。彼女の素直な気持ちがあふれたインタビューとなった。

——ソロデビューから1年半が経過しましたが、見える景色は変わってきましたか？

鈴木　なんでもやっていきたい、という気持ちに変わりはないんですけど……声優活動、歌手活動を通じて、歌で戦っていけるかもしれないと思うようになりました。人と違うことを意識しすぎなくてもいいのかなって。

——なにかきっかけはあったのでしょうか？

鈴木　ひとつは、昨年11月に開催されたアイマスのステージ（『アイドルマスター シンデレラガールズ 7th Anniversary Memorial STAGE!!』）です。私のことを知らなかった方が、（キャラクターの藤原）肇としての歌声にいい反応をくださったんです。ソロやTVアニメ『マクロスΔ』のワルキューレとも雰囲気が違う楽曲なので、それを作品のファンのみなさんに受け入れてもらえたのは大きかったです。もうひとつは、昨年ソロアルバム『見る前に飛べ！』をリリースして、ワンマンツアーを経験したことです。いろいろなサウンドと向き合って、やっぱり歌を歌うことって楽しいなという気持ちが心に残りました。

——ソロ活動を経て、ファンからはどういうイメージを持たれていると思われますか？

鈴木　そうですね……人それぞれなのかなと思います。『マクロスΔ』のフレイア（・ヴィオン）で出会った方は元気印だと思ってくださっていますし、肇を応援してくださる方は真面目だと感じてくれているんじゃないかと。SNSやライブで接しているファンの方からは、弱音を吐かないポジティブな人間だと感じてくださっているのかなと思います。

森 樹＝文　佐々木康太＝撮影

——本当はネガティブな一面も？

鈴木　基本的にはネガティブです。でも、それは人と共有することでもないかと思っているので、そういう意味ではポジティブかなと思います。

——そういう考え方は、誰かに影響を受けてのものなのでしょうか？

鈴木　影響という意味では、坂本真綾さんの存在はすごく大きいです。坂本さんの歌やメッセージって、偽りのない言葉だったり考え方だったりが表れていて、そこに励まされてきたので。私も自分の素直な気持ちを表現したいと思っています。

——今回のシングルについてもお話を伺いたいのですが、表題曲はTVアニメ『手品先輩』の主題歌「ダメハダメ」です。歌謡スカというべき軽快なサウンドが特徴です。

鈴木　今回、3曲候補をいただいていて、私が「ダメハダメ」を選ばせていただきました。一番“らしい”というか、ちょっとエッチでギャグがあってワチャワチャしている感じが『手品先輩』のイメージに合っていたので。歌うときもコメディ感は

意識しました。

――坊主姿のMVが話題になった「ヘンなことがしたい!」もそうですが、トリッキーなリズム感のある曲のほうが、歌っていて楽しかったりしますか?

鈴木　いえ、デビュー前はバラードを多く聴いていましたし歌っていたので、当初は苦手な気持ちもありました。でも、いつからかしっくりきて（笑）、楽しく歌えるようになりました。

――カップリングの「こいもよう」は、鈴木さんの作詞ですが、淡い恋心を歌ったラブソングですね。

鈴木　歌詞を書くときにはいつも自分自身のことを歌ってきたのですが、今回は私ではない「誰か」を意識しながら書きました。「聴いた人がきゅんきゅんするような歌詞」というオーダーだったのですが、恋の感情って難しい。ディレクターさんから「共感しにくい」とダメ出しを受けるたびに、「だったらいい人紹介してください!」って言ってました（笑）。

――あははは!

鈴木　結局、ディレクターさんとの話し合いを重ねて、自分の好きな物語から想像していくのが私らしいかなと思って、大好きな少女マンガをモチーフにしています。

――もう一曲、Kan Sanoが制作に参加した「One More Step」も、架空の「誰か」を立てたのでしょうか?

鈴木　そうなんです。これは部活動だったり、なにかに向かって頑張っている人の背中を押せるような応援ソングにできればと思い、書いていただきました。これまでの「鈴木みのり」像にはあまりなかった楽曲なのですが、個人的には好きなサウンドなので歌いやすいです。

――こういうテイストの曲を増やしていきたいと思いますか?

鈴木　ダンスミュージックにもまた挑戦したいと思っています。ボーカルでは、ファルセットを活かした、メロディの気持ち良さを伝えられる楽曲にも挑戦したいです。

――ちなみに、鈴木さんが目標としている場所に対して、何パーセントくらいまでたどり着いたと思いますか?

鈴木　うーん、目標を叶えるにはこのままじゃダメだって思っています。ソロデビューのときはワルキューレのファンに支えてもらって、アルバムでは素晴らしい作家さんやタイアップのおかげもあって頑張れたと思っていて。

――まだソロの活動が「自信」にはなっていない?

鈴木　というよりも、自分でもっと動いていかないと、今以上にならないんじゃないかなという危機感があります。さらにいい環境にするために、自分からアイディアを出していくような積極性が大事だと思っています。今21歳ですが、25歳までにきちんと自分の居場所を作りたい。

――なるほど。

鈴木　私が通っているピラティスの先生が、「5年で文化は変わる」と言ってくださったのが結構響いていて。5年後、居場所を確保して、周囲の人を説得できるくらいの技術と熱量を身につけたい。時にわがままと言われても、そのために必要だと思ったら突き進むことが重要なんだと思います。

――エゴを出していくことも重要であると。

鈴木　そうなんです。ただ待っているだけじゃダメで、常に前進していけるように意識しています。

みのりコメント

お、髪がチャラいな〜。撮影で公園のブランコ乗ってたら子どもが泣いちゃったんですよね。少しずつ考えに余裕が出てきて、思考がだんだん今に近い感じになってきたのもこの時期です。

#8 【激辛】プルダックポックンミョンの辛さ無くしてみた!
2020年7月29日公開

刺激物は喉に良くないけど、からいの好きだし食べたいという悩みを解消すべく、激辛カップ麺をいかにマイルドに中和して美味しく食べられるかを検証。マヨネーズ、卵黄、チーズなど絶対優勝な組み合わせを楽しんだ後、選ばれたのは意外なものだった!?

#9 【大変身!】量産型メイクやってみた!!
2020年8月5日公開

とにかくSNSやYouTubeの流行に敏感なみのりんご。今回は架空の「推しくん」のためにメイクを頑張る女オタクというコアな設定で量産型メイクに挑戦！ 衣装もメイクも気合いを入れ、変身後は美容系YouTuberみのりんごの亜種のようなキャラに。

#10 【初ゲスト!友情崩壊!?】仲良しの声優・深川芹亜ちゃんとスーパーバニーマン実況してみた!
2020年8月12日公開

声優友達の深川芹亜さんを初ゲストに迎えた、久々のゲーム実況回。お互いのキャラクターをぶん投げたり蹴り合ったりして進めるチームワークが大事なゲームだが、当初のみのりんごの見立て通り、“せりあんぬ”と一緒に騒ぎながらのプレイは大いに盛り上がった。

#11 【初ドッキリ!!】ガチ男装で声優友達にドッキリしかけてみた!
2020年8月19日公開

変装企画第2弾として男装ドッキリに挑戦。架空のビジュアル系アイドルグループ・アッシュストリームのRYOMAに扮して友人や家族に「推し」としてLINEで写真を送った。妹からの反応は「!!つよつよじゃん!!!!」とバレなかった。ちなみに、アッシュストリーム RYOMAで検索するとゴルフの情報しか出てこない。

#12 【元陸上部声優】2ndアルバム「上ミノ」発売日なのにシャトルラン!!
2020年8月26日公開

現時点で唯一のスポーツ企画。公開日に発売した2ndアルバムの宣伝をかけて、真夏の炎天下でシャトルランを行なった。さすが元陸上部で目標値は楽に達成したが、暑さのため早々に切り上げ。達成のご褒美企画としてオフショットで構成された「Now Is The Time!」のオリジナルMusicVideoが披露された。

#13 【初コラボ】SUSURU TV.さんと夢のラーメンコラボ!!
2020年9月2日公開

憧れのラーメンYouTuber・SUSURUさんをゲストに招いて、みのりんごオススメのラーメンを食べてもらう。SUSURUさんが「うんま……」と感想を漏らすだけで「勉強になります!」と食い気味に反応し、終始、神のように崇めていた。

#14 【大食い企画?!】“丼パフェ”作って食べてみた!!
2020年9月9日公開

これまで多くのグルメ系企画に挑戦したが、自分で作って食べるのは初めて。透明のキャニスターにひたすら米と調理した肉(豚・鶏・牛)を重ねて、夢と脂肪がいっぱいの丼パフェを作っていく。本人による持ち込み企画だからか、いつも以上の気合で無事完食した。

#15 【安楽亭×鈴木みのり】コラボメニューTOP3を当てるまで食べ続けてみた!
2020年9月16日公開

『上ミノ』発売を記念した最後の投稿は、同じくアルバム発売記念でコラボしていた安楽亭で、人気メニューTOP3を当てるまで食べ続ける企画。1品不正解するも、肉好きの勘が働いたのか4品でTOP3をすべて正解という快挙を遂げる、平和で胃袋に優しい最終回だった。

YouTuber みのりんご 全動画リスト

声優デビュー、歌手デビュー、そして2020年1月、YouTuberデビューを果たした鈴木みのり。声優・歌手の鈴木みのりとは別人格の“みのりんご”によるYouTubeは4thシングル「夜空」の発売を記念して期間限定でスタートした。アクティブな挑戦やバラエティに富んだ企画などこれまでに公開されたすべての動画を紹介！

#0 声優・歌手の鈴木みのり、YouTuber始めます！

2020年1月29日公開

記念すべき最初の動画は、自己紹介を兼ねた所信表明となった。「食べたり、しゃべったり、ゲームやったり」と何気なく語っているが、その後の動画を観直すとグルメ系とゲーム実況動画が多く、初回から本人の覚悟を窺い知れた。

#1 マックのチキンナゲットなら無限に食べれる説

2020年1月29日公開

第0回目と同日に公開された第1回目の動画は大食い検証企画。100個完食を目標に、各種ソースで味変を楽しみながら食べ進めるが、19個の時点で早くも飽きはじめ目標を50個に変更。最終的に45個でギブアップ。いわく「バンジージャンプよりしんどい」。

#2【キャラクター崩壊?!】この冬愛用のコスメ紹介！

2020年2月5日公開

『みのりんご収穫祭2019』以来の登場となる美容系YouTuberみのりんご。キャラも声色もキラキラ感が増し増しだが、たまに表れる素の言葉遣いと地声に一貫性がなくてみのりんご「らしさ」が全開。途中苦しそうなのは、「#1」の撮影後だったからとのこと。

#3【念願のゲーム実況！】みんなで空気読み。

2020年2月12日公開

「夜空」発売日に公開された初のゲーム実況回。『みんなで空気読み。』をプレイ。最初こそ真面目に空気を読みながら進めるが、操作ミスもあり空気を読むことよりも自分の気持ちに正直にプレイすることに。……結果、そこはかとなく読めてるっぽい。

#4【ゲーム実況第2弾】ヒューマンフォールフラット(Human:Fall Flat)

2020年2月19日公開

ゲームプレイは下手だけどゲーム実況を観るのは好きなみのりんご。先週に続いてのゲーム実況となる今回は、アクションパズルに挑戦。事前に練習を積んだ成果もありスムーズに進むが、スタッフからの横槍も入り白熱するシーンも。

#5 みのりんご、初めての質問コーナー!!

2020年2月26日公開

「晩御飯なにがいいですか?」「チキン南蛮！」など、一問一答スタイルで視聴者から募集した質問に答える。「高校生時代のアルバイトは?」との質問に、寿司屋と惣菜屋でアルバイトしていたエピソードを披露。養成所に通っていた下積み時代の姿が垣間見れた。

#6【ゆる〜いvlog】増上寺でおみくじ引いてみた!!

2020年3月4日公開

4thシングル「夜空」発売を記念したYouTube企画もこの動画でついに最後。最後は「夜空」……ではなく、レギュラー番組『鈴木みのりと笑顔満タンで！』の運勢を占いに文化放送の近くの増上寺でおみくじ。見事大吉を引き当て、最後にふさわしい終わり方となった。

#7【ミノミノさん?!】プリントTシャツ作ってみた!!

2020年7月22日公開

2ndアルバム『上ミノ』発売記念で、YouTuberみのりんごが帰ってきた。工作が得意そうな衣装に着替え、YouTube用のオリジナルTシャツ作りに挑戦。自粛期間を経て「私が真の声優YouTuberだ！」と高らかに宣言するがその実力はいかほど……?

夜空

2020.2

『QJ』vol.148 に掲載

YOZORA

歌が私を大人にしてくれる

声優／アニメ系のライブ・イベントにとどまらず、南佳孝主催のライブやナガシマスパーランドのカウントダウンイベントなど、よりボーダレスなステージに出演している鈴木みのり。行動範囲が広がるなかで、自分の前向きな〝変化〟をひとつの収穫と捉えている「みのりんご」であるが、一方で歌手としての不足や苦悩も明確になったと言う。一歩ずつ大人になっていくなかで、歌や友情は彼女をどのように変化させているのか。TVアニメ『恋する小惑星（アステロイド）』のEDテーマとなった最新シングル「夜空」への想いや収録現場のエピソードを交え、鈴木の今を紐解く。

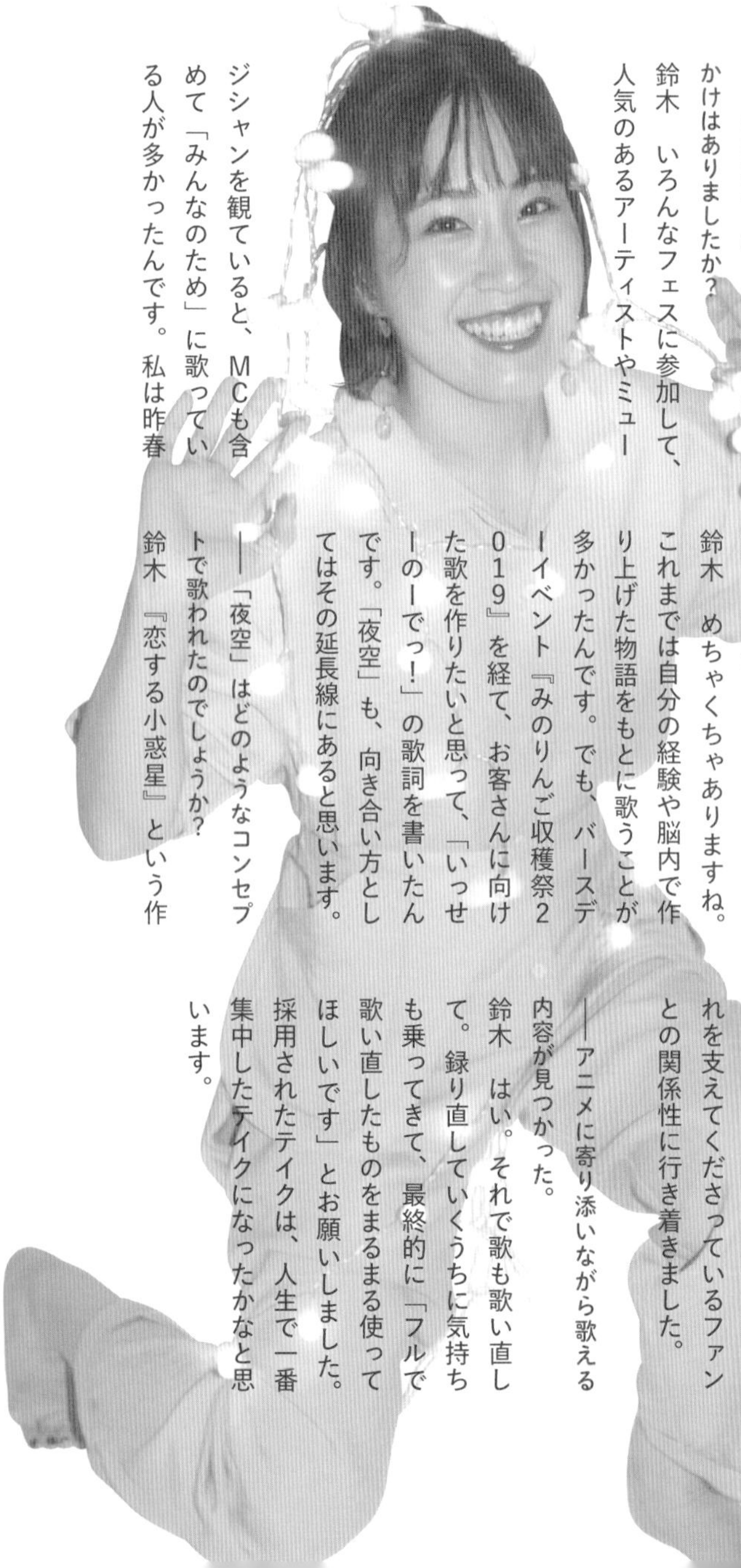

――2019年は三重県でのカウントダウンイベント『NAGASHIMA COUNTDOWN & NEW YEAR'S PARTY 2020』で終えましたが、1年を振り返っていかがですか？

鈴木　年末にかけてアニメ関係ではないフェスにも出演したことで、声優アーティストやアニソンシンガーという尺度ではなく、ひとりの歌手としてたくさんの刺激をもらった1年でしたね。そのなかで、仕事面でもそうですが、人間として考えが変わった年でもありました。

――具体的にはどのように考えが変わったのでしょうか？

鈴木　自分自身と付き合うのがうまくなったと思います。『アイドルマスター　シンデレラガールズ』（以下『アイマス』）でご一緒したメンバーと遊ぶようになったり、自分からいろんなところに足を運んだりするようになったことで、視野も行動範囲も広がったんです。自分にとって自発的に楽しいものを探すことが得意になったというか。

――デビューからずっと突っ走ってきた鈴木さんですが、ある程度周囲や私生活にも目が行くようになった？

鈴木　たしかにそれはあるかもしれないです。もちろん、仕事に余裕はないのですが、少しだけ俯瞰でいろんなことを見られるようになりましたね。少し前まで、自分で決めたルールは破りたくなかったのですが、「楽しそうだったらやってみよう」という軽やかな部分は出てきたかも知れません。

――なにかそういう考えに至るきっかけはありましたか？

鈴木　いろんなフェスに参加して、人気のあるアーティストやミュージシャンを観ていると、MCも含めて「みんなのため」に歌っている人が多かったんです。私は昨春の1stライブツアーのとき、自分のために歌って、それが聴いてくださる方のためになれば、と思っていたのですが、自分とファンとの距離感をもっと考えるようになりました。本当に強い人は、自分のやりたいことをやりながら、誰かのためになにかができる――そういう素敵な人間になりたいなと思いました。

ファンに向けて歌いたい

――ファンになにをもたらすことができるか、を考えた1年であったと。今回のシングル「夜空」も、昨年収録されたものだと思うのですが、そういった考えの変化が刻まれているのでしょうか？

鈴木　めちゃくちゃありますね。これまでは自分の経験や脳内で作り上げた物語をもとに歌うことが多かったんです。でも、バースデーイベント『みのりんご収穫祭2019』を経て、お客さんに向けた歌を作りたいと思って、「いっせーのーでっ！」の歌詞を書いたんです。「夜空」も、向き合い方としてはその延長線にあると思います。

――「夜空」はどのようなコンセプトで歌われたのでしょうか？

鈴木　『恋する小惑星』という作品のEDテーマなのですが、アニメの監督（平牧大輔）が、音楽がアニメに寄り添うことをすごく大切にされている方なんです。歌詞もアニメにすごく寄り添っていて、それが難しい部分でもあって――。

――どういったところが難しかったのでしょうか？

鈴木　これまでのタイアップ曲は、アニメのテーマと自分自身とうまく合わせることができたんです。ただ、今回はもっとアニメに寄り添わなきゃ、という気持ちが強くて、どのように歌うべきか悩んでしまいました。もう一度考え直す中で、自分の重ね合わせるべき感情が浮かんできたんです。結果的に、夢に向かって進む自分と、それを支えてくださっているファンとの関係性に行き着きました。

――アニメに寄り添いながら歌える内容が見つかった。

鈴木　はい。それで歌も歌い直して。録り直していくうちに気持ちも乗ってきて、最終的に「フルで歌い直したものをまるまる使ってほしいです」とお願いしました。採用されたテイクは、人生で一番集中したテイクになったかなと思います。

——そこでひとつ、これまでの自分の殻を破ることができたというか。

鈴木　そうですね。自分で作り歌うシンガーソングライターではないからこそ、歌手としての責任感はより強くなってきていますね。

声優も歌手も自分らしく！

——鈴木さんは声優とシンガーというふたつの軸がありますが、そのふたつのバランスにも悩んだりしますか？

鈴木　以前は、女性声優として辿らなきゃいけない道があるんじゃないかとか、すごくその経歴を気にしていた時期もありました。たぶんそれは、『マクロスΔ』でデビューして、歌姫として諸先輩方と比べられることが多かったのが影響しているかもしれないです。それが、ソロの歌なり、『アイマス』をはじめいろんな作品に参加することで薄れていったところはありますね。「自分らしくあればいいんだ」と。

——たしかにそれは『マクロスΔ』だけに関わっていた時期では見えないところですよね。

鈴木　そうですね。『アイマス』の声優陣に触れたことが大きいのですが、同じやり方、同じ考え方の人はいないんだと肌で感じることのできる日々でした。

——それを踏まえて見据えている今年の目標は？

鈴木　歌手としては、アニメの力を借りず、声優としてのポジションも関係なく、さらに若さにも頼らず歌を届けられる人になりたいなと思っています。それを強く思うようになったのは、昨年出演したフェスの中でも、南佳孝さん主催のイベント（南佳孝フェス『I WILL 69 YOU』）に参加してからですね。

——それは緊張する場ですね。

鈴木　尾崎亜美さんや太田裕美さん、斉藤和義さんなど、レジェンドばかりのところに、よくわからない人間がポツンとひとりいる状態で（笑）。その現場で、ミュージシャンの音楽への姿勢を改めて感じたんです。たとえば、最後は全員で歌います、となったときに、普段のイベントだとその曲を覚えていけばいいんです。でも、南さんのイベントのときは、リハのタイミングで「この曲は気の強い男性が女性に向けて歌う歌だから、女性は（主旋律を）歌うのをやめて、コーラスにしましょう！」と、同じ舞台に立っていた尾崎亜美さんや、太田裕美さんに言われたんです。

——それはまた大変ですね。

鈴木　「どうしよう！」って。恥ずかしながらそういうことに慣れていないし、譜面を読んだりコードで曲を捉えたりすることに明るくないので、必死に覚えて。そこで、歌手を名乗っている以上は、しっかりとそういう現場にも対応できるようになりたいと思いました。

——声優、歌手の2軸があるとして、なかでも歌手の幹を太くしていきたいと。

鈴木　声優も歌手もきちんとやりたいという気持ちは変わっていないのですが、声優という仕事は、作品ありきじゃないですか。作品があって、キャラクターがあって、それに対してどう返していくかを声優として考えていくので。

——自分を高めるために、歌手でできる自発的な表現を大切にしていく気持ちがあるんですね。

鈴木　かわいい服を着て、かわいい曲を歌って、かわいく写真を撮っていただいて、「いい曲だね」と言われて終わりにならないように。それが歌手も声優も長く続けていくための条件だと思うので。

——10年後、20年後も歌い続けるために。

鈴木　そうですね。今はこういう歌手になりたい、という具体的なビジョンよりも、10年、20年経ったときに、素敵な女性に、その人間性が歌に表れたらと思います。ありがたいことに、シングルを出すたびに、「大人になっていくね」と言われるのですが、そういう声を無駄にしないように、品のある人間になれればと思います。

みのりコメント

ヒィ〜〜、これ今年ですか？　今よりも大人っぽいかも（笑）。「友情」をテーマに対談した亜咲花ちゃん、ついつい年下って忘れちゃうけど、写真が大人っぽいのは無意識に先輩感を出しているのかな。

亜咲花　いやー、推しの話もするんですけど、意外とふたりが好きなものが違うジャンルなので、けっこう一方通行です。ただ、みのりんごって推しに対する考え方が素晴らしいから。

鈴木　え、たとえば？

亜咲花　リスペクト心ですよ。好きなアーティストの楽曲をカバーするときも、その意味やタイミングを考えているじゃないですか。

鈴木　カバー曲って、まわりに「歌って」と言われたからって歌うものじゃないと思っていて。その歌が好きだから、そのよさを届けたいから歌うという気持ちがないといけないなと。

亜咲花　そう、そういう考えは共通しているんです。

鈴木　お互いオタクだから、中途半端な気持ちでカバーされたらそれを敏感に感じ取っちゃうと思うんですよ。今でもふたりはファンの皆さんと同じ感覚はあると思うし、カバーを歌うときも「こういう気持ちが必要だよね」というのを共有できるのは強みなのかもしれない。

――これからふたりでなにかやってみたいことはありますか？

鈴木　ラジオかな？　ふたりでしゃべる機会がもっとあればいいなと思う。配信できるアプリとかで、コメント拾いながらただ雑談したり。

亜咲花　それ良いね。かしこまったやつじゃなく、フラットな。

鈴木　ゲーム実況とか。私は下手だから、横から茶々入れる。

亜咲花　豪華なガヤだなー（笑）。あとはやっぱりコラボCDを出したい。アニサマでも思ったんですけど、ふたりの声質って相性抜群なんですよ。声質も被ってないし、歌い方も違うし、互いの個性を殺さない素敵なハーモニーが生まれていて。これだけフィーリングもわかっているし。

鈴木　ジョイントライブとかね。

亜咲花　そう。でもいつでも耳の中で聴けるものも欲しいなぁ。

鈴木　会場限定で売る？

亜咲花　それもいい！　歌一本の私と、声優も兼ねたみのりんごという組み合わせも前代未聞だし。しかもほら、私たちって、この業界だとバラエティ担当だから！

鈴木　えー！（笑）

亜咲花　だからみのりんごにならってお坊さんにもなるし、バンジージャンプもするよ？

鈴木　じゃあまずは亜咲花ちゃん、坊主になることからはじめよっか（笑）。

亜咲花　Asaka
1999年生まれ、愛知県出身。歌手。MAGES.所属。2016年10月にアニソンシンガーとしてデビュー。鈴木とはハロオタという共通の趣味も。2021年1月より放送開始のTVアニメ『ゆるキャン△ SEASON2』OPテーマ「Seize The Day」が1月27日発売

『QJ』vol.148 に掲載

鈴木みのり×亜咲花 歌への思いは一緒

愛知県出身という共通点を持ち、『Animelo Summer Live 2019』では、TM NETWORKの名曲「Get Wild」をコラボレートで披露した鈴木みのりと亜咲花。「学校で出会っていたら交わらなかった」と断言するほど、その性格や辿ってきた道程も異なるふたりだが、シンガーとして目指すところやその根本は、非常に似通ったものがあるという。気取らない雰囲気の中で行われた対談でも、そんなふたりの強く、しなやかな芯が垣間見えた時間となった。

——雑誌での対談は初めてということで。

亜咲花　初めてです！

鈴木　でも先日は亜咲花ちゃんのラジオにお邪魔して。

亜咲花　今ではプライベートでもすごく仲良しで。そもそも、私がただのオタクのころから『マクロスΔ』も観ていたし、歌も聴いていて。だから、アニソンの世界に入ってからも仲良くなろうと、熱いアプローチをしていたのですが、最初はなかなか……。

鈴木　本当？

亜咲花　ラジオで何度かご一緒していて、「仲良しなんですよ〜！」ってリスナーに紹介したこともあるんです。そしたら「これから仲良くなっていきたいですね」と冷静に(笑)。

鈴木　だって、そのときはまだご飯も一緒に行ってないから（笑)。私はそれで仲良しとは言えなくて。

亜咲花　それをちゃんと言ってくれて、逆に火がついちゃって（笑)。そのあとにアニサマでコラボできて、ついにグッと距離が近づいた感じはありました。私、Twitter ばっかり見てて仕事のこと以外では LINE とかはあまりやらないんですけど、みのりんごとは LINE する仲なんです。

鈴木　電話もしたりね。亜咲花ちゃんとは話したいときがある。

——お互いのことは性格的に似ていると思いますか？

鈴木　似てないですね。

亜咲花　性格の根本がけっこう違う気がします。でも、歌に対する熱い想いは一緒。

鈴木　そうだね。

亜咲花　タイプが違うのは大きくて、自分の視野で見えていないこともみのりんごは見えているので、お互いの価値観を共有し合って高めていける。だから、アドバイスもしやすい。

——アニサマでは密に話し合ったりしたんですか？

亜咲花　コラボのおかげで、1年分ぐらいの絆がそこで生まれた感じなんです。そういう意味ではアニサマがキーポイントでしたね。どう？

鈴木　そのときに、人間として魅力的だなって思ったんです。それでご飯に誘って、いろいろ話してみて、みんなのムードメーカーというだけじゃなく、すごく自分のこと、まわりのことを考えているんだなと。学校で同じクラスだったら絶対に交わらないタイプなんですけど（笑)。

亜咲花　うん、そうかも（笑)。シンガー同士っていう出会い方だったから、これだけ仲良くなれたのは絶対にある。

鈴木　亜咲花ちゃんのポジティブな性格と比べると、自分は引っ込み思案なところがあって。だから刺激になりますよね。亜咲花ちゃんがそうやるんだったら私も頑張ろうっていう。

亜咲花　えー、うれしい！　私はスーパーポジティブですからね！（笑）　だけど、去年のアニサマではみのりんごにすごく助けられたんです。あのとき、私は喉のコンディションが良くなかったんですけど、ずっとバックアップしてくださって。

鈴木　覚えているのが、angela の KATSU さんが、亜咲花ちゃんのことを舞台で紹介したんですよ。「アニサマを目指していた彼女が、ついにこっち側に来た」って。そういう言葉を先輩から掛けてもらえるってすごいじゃないですか。

亜咲花　そう。あのときは思わず号泣して、みのりんごに抱きついた（笑)。

鈴木　そのときに、亜咲花ちゃんって、アニメが、アニソンが好きなんだ、という根本をずっと大切にしてきたんだなって。その一本筋が通っているところに惹かれたんだと思います。

亜咲花　たまにそういう深い話もするんです。ふたりは立場が違っていて、みのりんごは声優もやっているけど、私は歌一本。だけど、みのりんごのことはひとりのアーティストだと思ってるし、ふたりでアニソン界を引っ張れるような存在になりたいねって。

——お互いの推しアニメの話をしたりはしないのでしょうか？

上ミノ
JOU MINO
2020.8
『QJ』vol.151 に掲載

視野を広げて自信になる

2ndアルバム『上ミノ』リリース&ツアー、そして参加するユニット「ワルキューレ」での稼働も決定しており、充実の1年になる予定であった。昨今の状況によりそれらの予定は大幅な変更を余儀なくされたが、当の本人は思っていたよりも落ち込んではいなかった。むしろ、声優とシンガー、二足のわらじを履く自身の立場を問い直す大切な時間になったようだ。

――8月初頭に放送されたNHK BS『アニソンプレミアム』に出演されていました。ああいう収録は久々でしたか?

鈴木　収録は7月だったのですが、マイクを持って歌ったのは2月末の「夜空」のリリースイベント以来で、約5カ月ぶりでした。

――本当だったらワルキューレのライブツアーもある時期で。

鈴木　そうなんです。今年の中でもスケジュール的に一番大変な時期になっていたはずでした。

――自粛期間中はどのように過ごされていましたか?

鈴木　オンライン飲み会を定期的にやっていました。『アイマス(アイドルマスター シンデレラガールズ)』の出演者たちで。大勢でやるんじゃなくて、今日はあの子、明日はこの子、みたいに一対一で(笑)。長いときは6時間くらい。

――オンラインだと終わりどきを見失いがちですよね(笑)。

鈴木　あとは、YouTube 巡りが生活のルーティンに組み込まれているんですけど(笑)、一度、自分でもPeriscope で配信してみたんです。そこで自分の好きなものをさらけ出したらけっこう喜んでくださる方がいて。新たな発見にもなりました。

――自粛中は配信コンテンツもさまざまありましたが、一番印象に残っているものはありますか?

鈴木　フレデリックさんが「おうち時間」での音楽の楽しみ方をずっとSNSで発信されていたんです。デビュー曲を提供していただいたものとしては、「自分もやらなきゃ」と熱い気持ちになりました。ただのオタクとして語らせてもらうと、最近はずっとハロプロのアイドルたちにも元気をもらっています。彼女たちのパフォーマンスを見ると気が引き締まりますし、ダンスも上手いじゃないですか。私は声優とシンガーという肩書ですけど、「声優だから……」という甘えや妥協は、ステージに立つものとしてしちゃいけないと学びました。

――客観的にいろんなパフォーマンスを見たことで、自分の姿勢も固まっていったところはあると。

鈴木　ファンに良いものを届けたいという気持ちももちろんですけど、そのためにも自分が満足いく準備をしたいですね。自粛中はいろいろ将来について考えることも多かったのですが、お仕事面での前向きな気持ちはキープできていました。

声優で歌手 そしてオタク

―アルバムはこの自粛期間をまたいで製作が進められたようですね。

鈴木　年初から話は進んでいて、レコーディングは3月初頭からはじまっていました。でも、完成したのは、非常事態宣言が解除されたあとでしたね。

―1stアルバムから1年半が経過しましたが、今回のコンセプトはどのようなものでしたか？

鈴木　ファーストのころに比べると、周りを少しは見えるようになったかな……？　アルバムを出してツアーを経たあとに、声優になってからしばらく突き放していた、自分の中の「オタク気質」と向き合う時間ができたんです。そこでより、自分の置かれている立場を客観的に理解したというか。この立場にいるんだから、楽しい時間は自分でどんどん作っていかなきゃなと。その気持ちをアルバムに込めましたね。

―音楽的な部分ではいかがですか？

鈴木　ライブメンバーでもあるプロデューサーの北川勝利さんとは、「ライブで盛り上がる曲がほしいよね」という意見で一致していました。

―冒頭の「Now Is The Time!」は、ホーンセクションもにぎやかで、これから幕が開くというワクワク感があります。

鈴木　この曲にはすごく思い入れがあって。もともと、自粛期間前に歌詞を書きはじめていて、当初は声優とシンガー、ふたつの職業で舞台に立っている自分の可能性、みたいなテーマでした。でも、自粛期間に入って改めてその歌詞と向き合ったときに、「内容を突き詰めれば、この（自粛の）状況を経験している人たちみんなに響くものになるかもしれない」と、より〝今〟を踏まえたものになりました。そこから、「Now Is The Time!」や「Make my story」という歌詞のフレーズ一つひとつが生きたものになりましたね。

―今回のアルバムの中で、印象深い楽曲はありますか？

鈴木　照井順政さんに書いていただいた「茜空、私がいた街」ですね。今までは歌入れのときに、歌詞と私の一対一、みたいな取り組み方をしがちでした。でも、照井さんの楽曲は歌詞とメロディー、サウンドの親和性が素晴らしくて、「音を聴いて歌えって、こういうことか！」みたいな閃きはありました。ほかにも、7曲目の「月夜の夢」は、私の大好きなアニメ『ローゼンメイデン』のイメージソングやエンディングを手掛けられていたmyuさんの作曲なんです。この曲でも私が作詞をしているのですが、myuさんの、情景が浮かぶメロディーに寄り添うように、聴き手の想像に委ねる歌詞にチャレンジしました。歌うときも椅子に座って、ウィスパーボイスで収録しています。

―アルバムが完成しての感想はいかがですか？

鈴木　1stアルバムから一年半がたって、なんとなく成長したのかな、歌えるようになったかなと思っていた気持ちの「なんとなく」が確信に変わった気がしますね。それがアルバムにある爽やかさにもつながっているような気がします。

上質な私を届ける準備

―タイトルは『上ミノ』、これは「上質なみのり」ということで。

鈴木　これは北川さんと共同でプロデュースを務めているフライングドッグの福田（正夫）さんの案ですね。「ふふっ」っとなっちゃうニュアンスがあって、私らしいなと。

―ツアーは秋以降からのスタートとなります。今回はホールでのライブですね。

鈴木　今は本当に、どういう演出をしたいというよりも、単純に上質な歌が、上質なみのりが届けられたらなと思います。

―シンガーとして歌を優先する。

鈴木　そこに集中して。これが1stライブとかアルバムのときに自粛期間があったら、もっと動揺して、悩んでいたかもしれないですけど。

―諸々の延期は残念だったけれども、一方で精神的な成長も実感できたわけですね。

鈴木　はい。交友関係が広がって、人に頼れるようになったのも大きいかもしれません。その中で、声優だからこう、シンガーだからこう、みたいな固定概念から解き放たれて、生活も含めてその楽しみ方を知ったように思います。なので、ここからさらに仕事の幅を増やしていきたいなとは思っていますね。

みのりコメント

アーカイブもこれがラスト！　ここから考え方が変わっていくのか、それとも定着していくのかどっちなんでしょうね。年取ると頭固くなるって聞くので、そうでないようにありたいです（笑）。

PART 3 RAMEN INTERVIEW

祝1stシングル発売記念!!??

大切なことは
ラーメンが教えてくれた

草野庸子=撮影

撮影協力=中国料理 峨嵋山

PART2では、出演したアニメ作品や
歌手活動のリリースについて5年分の記録を辿った。

だが唯一、2018年の記念すべきソロデビュー時のみ、
生の声を残していないことが発覚。

今回、せっかくひとつの書籍にまとまるということで、
2018年に時計の針を戻し、ラーメンを食べながら
「FEELING AROUND」について語ってもらうという、
時間操作を試みたインタビューを行った。

P

INTERVIEW

「もう平らげて」が止まらない

——2018年の1月に、念願のソロデビューが決まりました！　これまではワルキューレとして活動してきましたが、デビューに感慨はありますか？

鈴木　ワルキューレの活動をはじめる前に「ソロデビューもあるかも」と聞いていたので覚悟はあったんですけど、改めて決まったときはうれしかったです。

——表題曲は、フレデリックの三原康司さんの作詞・作曲ですね。

鈴木　プロデューサーの福田（正夫）さんが車を運転中に、ラジオからフレデリックさんの楽曲が流れてきたそうです。すごくキャッチーだし、鈴木みのりのデビュー曲にぴったりじゃないか、ということで依頼をしてくださったと聞きました。フレデリックさんのアルバムを聴きながらどんな楽曲が来るのか楽しみにしていたのですが、届いたデモを聴かせていただいたら、ポップだけど派手すぎず元気すぎないというか。

——ちょっとクールな感じもあるダンスチューンですね。

鈴木　そうなんです。私は『マクロスΔ』でフレイアをやっているので元気なイメージがあると思うのですが、実際の私はそこまで明るい感じでもなくて（笑）。ソロではそういう部分もフィーチャーしたいなって思っていたら、まさに理想のテイスト！って感じでした。

——ホーンセクションが入っているので、華やかさは感じられます。

鈴木　はい。編曲を経て明るい感じになっていて、ライブでは盛り上がりそうだなって。なにか私からお願いしたわけじゃないのに、こんな自分の気持ちに寄り添う楽曲に巡り会えて感激しています。

——ボーカル録りはいかがでしたか？　ワルキューレとは違う緊張感はありましたか？

鈴木　ワルキューレのときもひとりで録ることが多くて、パートも主旋律が多かったので、そこまで変化したということはなかったですね。ただ、ワルキューレではあくまでフレイアがどう思うかを考えて歌っていましたが、今回は自分の解釈で歌うかたちだったので、ちょっと新鮮でした。TVアニメ『ラーメン大好き小泉さん』のタイアップでもあるのですが、小泉さんの気持ちで、というよりも、鈴木みのりとしてアニメを応援する視点も必要で、そこが難しくもありました。

——具体的にはどのようにその難しさを消化していったのでしょうか？

鈴木　「もう平らげて　平らげて」っていうサビの歌詞は、ラーメンをいっぱい食べたいという気持ちのほかに、夢や目標に向かう貪欲な気持ちの表れだと思うんです。そういう自分の解釈も入れつつ、あとはオープニングのアニメーションを想像しながら歌いました。イチ視聴者としてアニメを観ている感じというか。

——なるほど。視聴者としての視点も交えながら。

鈴木　はい。時間はけっこうかかりましたね。メインのところはラーメンだけにツルッと録り終えたのですが（笑）、ハモリも全部自分の声で録っているので。

——そうですね。かわいらしい合いの手が入っていたりもしています。

鈴木　あ、「ちゅるっ！」の合いの手は、その日に言われました（笑）。三原さんには事前に話していたみたいですけど、私には当日まで秘密だったみたいで。

——カップリングには、ワルキューレでも楽曲を提供しているコモリタミノルさんの「好きなものは好き！」と、鈴木さんの作詞曲「20才の約束」もあります。これは鈴木さんにとって初作詞ですか？

鈴木　そうです。今回が初作詞ですね。昔からポエムを書くのは好きだったので、作業はすごく楽しかったです。お題も20才になることを踏まえてという具体的なものだったのでスラスラ書けましたし、スタッフさんからもほめていただいて。

——作詞には今後も挑戦していきたいですか？

鈴木　はい。私の大好きな坂本真綾さんも、ご自身で歌詞を書かれていて、それにすごく救われてきた身なので。自分も経験や体験を踏まえて書いていけたらと思います。

好き嫌いというよりも、気にしてない部類の食べ物です（笑）

──「FEELING AROUND」のMVは、ラーメンのアレコレがモチーフとなっていて、ユーモアに富んだ内容ですね。

鈴木　ジャケ写の衣装が、頭にラーメンの具が乗っているというシュールなものだったのですが、MVはそれを上回るシュールさで（笑）。絵コンテの段階では、ラーメンを作っていく過程に沿って構成されていたので、湯切りのシーンとかも、ラーメンのアニメだと考えるとそんなにびっくりするほどではなかったんですよ。ただ、撮影のときにスタジオへ入った瞬間、背景のグリーンバックのところに置いてあった植木鉢にネギがおもむろに刺さっていて（笑）。これが映像で見るとネギのパートだけすごく浮いていたんです。ネギの匂いを嗅いで喜んでるっていうシーンに自分も加担しておいて言うのもなんですが（笑）。

──ネギの絶大なインパクトは、生まれるべくして生まれたんですね。

鈴木　ネギからすごい効果が……パワーが出てるのかなって（笑）。

──ネギ、お好きですか？

鈴木　いや、好き嫌いというよりも、気にしてない部類の食べ物です（笑）。

──現場でそういう面白い要素が足されることにどう感じていますか？

鈴木　フレイアのイメージがあるからなのかなと思っていたのですが、フレイアは別にそんな面白いことをしているわけではないので私の問題かも。ただ、ワルキューレのMVもユーモラスな部分があるので、耐性がついているところもあります（笑）。

──拒絶するんじゃなくて、受け入れられる懐の深さが。

鈴木　それも新しいアーティスト像になって良いかも、と思い始める自分もいますね。

──これからソロとしてはどのようなアーティストになりたいですか？

鈴木　デビューからインパクトのある曲とMVになったなと思っていて、これからも人を驚かせるようなものを作っていきたいです。あとはやっぱり、アニソン系のフェスにたくさん出演したいですね。めっちゃ盛り上がってくれる方もいれば、後ろのほうでじっくり聴いてくださる方もいるような、自由な空間を生むことが目標です。将来的には、今までのフレイアのイメージだけではなく、いろんな鈴木みのりを表現していければと思います！

エピローグ

撮影・インタビューを終えて

声優に憧れているときから、「私はお芝居と歌ができれば全然いいから、本なんて……」とかって思っていたのですが、いつもお世話になっているQJさんにこうやってお声がけいただいて、すごくうれしかったです。内容も、楽曲とそれに紐づいたインタビューで構成されているというのが、すごく自分らしい形になったなと思います。ひとつ新しい扉が開けたというか、こんな挑戦をさせてもらえたのは本当にうれしいです。

この本が出るころには発表になっていると思うんですけど、ありがたいことに今年の冬はとても忙しくなりそうで。ソロのライブが終わるとワルキューレのツアーがあって、来年にはアイマスのライブも予定されていて。予定通り開催されることを願いながら、今はその練習もガッツリやっています。

自分の職業は？と聞かれたら、やっぱり声優であり歌手です。でも、YouTuberもそうですが、いろんなことにチャレンジしたい気持ちはあります。ステージやイベントに出ることも求められれば出て行きたいですし、顔出しも含めてそこは腹を括ってというか、やらせてもらえることは全部やる気持ちです。

そんな活動を、これからQJさんでも追いかけてもらえたらうれしいです。

鈴木みのり MINORI SUZUKI

1997年10月1日生まれ。愛知県出身。声優、歌手。e-stone music 所属。2016年、TVアニメ『マクロスΔ』フレイア・ヴィオン役で声優デビュー。同作の劇中ユニット「ワルキューレ」の一員として音楽活動もスタートする。2018年1月、1stシングル「FEELING AROUND」をリリースして歌手デビューを果たす。また、同1月は、かねてからファンだった『カードキャプターさくら』シリーズの最新作『カードキャプターさくら クリアカード編』で、新キャラクターの詩之本秋穂役を務めた。歌手としては、現在4枚のシングルと2枚のアルバムをリリースしており、12月2日には自身2度目となるライブツアー『鈴木みのり 2nd LIVE TOUR 2020~Now Is The Time!~』が東京・日本青年館ホールにて開催された。

鈴木みのり『全力放題』

2020年12月4日発行

編集 渡部 遊
ブックデザイン 沼本明希子(direction Q)

Special Thanks!
吉川美穂(e-stone music)
鈴木裕介(フライングドッグ)

ヘアメイク いたつ
スタイリング 吉岡ちさと
写真 南阿沙美 草野庸子
文 森 樹
衣装協力 ZoZIO(06-6777-3127)(p22, p69)

発行人 森山裕之
発行所 株式会社太田出版
〒160-8571 東京都新宿区愛住町22
第3山田ビル 4F
電話 03-3359-6262
電話 03-3359-6281(編集部)
振替口座 00120-6-162166(株)太田出版
Quick Japan ホームページ
http://www.ohtabooks.com/quickjapan
太田出版ホームページ
http://www.ohtabooks.com/
印刷・製本 株式会社シナノ
ISBN 978-4-7783-1730-0 C0095 定価(本体2500円+税)

Happy Birthday
みのりんご
鈴木みのり

ISBN978-4-7783-1730-0
C0095 ¥2500E
定価（本体2,500円+税）

鈴木みのり

大切なことはラーメンが教えてくれた

2020_SS ISSUE
ite
@onefive
吉田凜音
清宮レイ
ウルウ・ル／ユメカ・ナウカナ？
youth
culture
square